Prüfungstraining

telc Deutsch B2

von
Dieter Maenner

Audios und Hörtexte online verfügbar unter
www.cornelsen.de/codes **Code: mefoke**

Cornelsen

Prüfungstraining

telc Deutsch B2

Im Auftrag des Verlages erarbeitet von Dieter Maenner

Redaktion und Projektleitung: CoLibris-Lektoratsbüro Dr. Barbara Welzel, Göttingen

Umschlaggestaltung: Studio SYBERG, Berlin

Layout und technische Umsetzung: graphitecture book & edition

www.cornelsen.de

1. Auflage, 2. Druck 2025

Alle Drucke dieser Auflage sind inhaltlich unverändert und können im Unterricht nebeneinander verwendet werden.

Druck: Livonia Print, Riga

ISBN: 978-3-06-121273-5 (Print)
Produktnr.: 1100031169 (E-Book)

PEFC
PEFC/12-31-006

PEFC zertifiziert
Dieses Produkt stammt aus nachhaltig bewirtschafteten Wäldern und kontrollierten Quellen.

www.pefc.de

Vorwort

Die Sprachprüfung **telc Deutsch B2** dient dem Nachweis fortgeschrittener allgemeinsprachlicher Kenntnisse der deutschen Sprache auf dem Niveau B2 des Gemeinsamen europäischen Referenzrahmens.

Im ersten Teil des vorliegenden Bandes **Prüfungstraining telc Deutsch B2** stellen wir Ihnen anhand von einem ersten Modelltest die einzelnen Prüfungsteile Leseverstehen, Sprachbausteine, Hörverstehen, Schriftlicher Ausdruck und Mündlicher Ausdruck vor und zeigen Ihnen Schritt für Schritt, wie Sie sie lösen können. Darüber hinaus erfahren Sie, welche Aufgaben und Textsorten Bestandteil der Prüfung sind und wie viel Zeit Sie für die jeweiligen Prüfungsaufgaben haben. Zudem erhalten Sie nützliche Hinweise für die Prüfungssituation und lernen die Kriterien kennen, nach denen die Prüfungsteile bewertet werden.

Übungen zu den Prüfungsteilen Sprachbausteine, Schriftlicher Ausdruck, Mündlicher Ausdruck helfen, Ihre Grammatik-, Wortschatz- und Redemittelkenntnisse gezielt zu vertiefen.

Das vorliegende Prüfungstraining eignet sich sowohl für den Einsatz in Kursen als auch für die selbstständige Prüfungsvorbereitung. Dabei gibt es grundsätzlich zwei Wege, mit dem Buch zu arbeiten: Wir empfehlen, bei den einzelnen Prüfungsteilen von Modelltest 1 zunächst die Schritte zur Lösung durchzuarbeiten und erst danach die Aufgaben zu lösen. Anschließend überprüfen Sie Ihr Ergebnis anhand der kommentierten Lösungen und Erläuterungen. Alternativ können Sie natürlich auch sofort einen Prüfungsteil ausprobieren und dann erst Ihre Ergebnisse überprüfen und sich die Schritte zur Lösung ansehen. Auch dieses Vorgehen ist dazu geeignet, Ihre Arbeitsweise zu optimieren.

Zwei weitere Modelltests ermöglichen es, sich durch intensives Üben gezielt auf die Prüfung vorzubereiten und die in Modelltest 1 gelernten Strategien zu festigen.

Die Lösungen zu den Modelltests und Übungen finden Sie genau wie den Antwortbogen hinten im Buch. Alle Audio-Dateien sowie die Transkriptionen der Hörtexte sind bequem als Download auf cornelsen.de/codes (Code: mefoke) verfügbar.

Viel Spaß bei der Vorbereitung und viel Erfolg in der Prüfung wünschen Ihnen Autor und Verlag.

Inhalt

Unter www.cornelsen.de/codes (Code: **mefoke**) finden Sie:

- Audio-Dateien zu den Prüfungsteilen *Hörverstehen*
- Hörtexte zu den Höraufgaben

Prüfung telc Deutsch B2: die Prüfungsteile

Die Prüfung telc Deutsch B2 prüft die Sprachkennnisse auf dem Niveau B2 des Gemeinsamen europäischen Referenzrahmens. In der Prüfung werden die vier Fertigkeiten Lesen, Hören, Schreiben und Sprechen, wie auch Ihre Kenntnisse in Grammatik und Wortschatz überprüft.

Bestandteile der Prüfung

Schriftliche Prüfung mit den Teilprüfungen:	**Zeit**
– Leseverstehen und Sprachbausteine	90 Minuten
– Hörverstehen	ca. 20 Minuten
– schriftlicher Ausdruck	30 Minuten
Mündliche Prüfung:	Vorbereitungszeit: 20 Minuten Prüfung: 15 Minuten bei zwei Teilnehmer/-innen, 25 Minuten bei drei Teilnehmer/-innen

Leseverstehen

Teil 1: **fünf Kurztexte mit zehn Überschriften**
Sie sollen entscheiden, welche Überschrift zu welchem Text passt.

Teil 2: **ein längerer Text mit fünf Multiple-Choice-Aufgaben**
In jeder Aufgabe gibt es drei Sätze. Sie sollen entscheiden, welcher Satz den Text am genauesten wiedergibt.

Teil 3: **zwölf Informationstexte mit zehn Aufgaben/Situationen**
Sie sollen entscheiden, welcher Infotext zu welcher Situation passt.

Für die Prüfungsteile Leseverstehen **und** Sprachbausteine haben Sie insgesamt 90 Minuten Zeit.

Sprachbausteine

Teil 1: **Text mit zehn Lücken**
Zu jeder Lücke im Text gibt es drei Lösungen (Multiple-Choice-Aufgaben). Sie sollen entscheiden, welche Lösung die richtige ist. Prüfungsschwerpunkt: Grammatik

Teil 2: **Text mit zehn Lücken**
Es gibt insgesamt fünfzehn Lösungen. Sie sollen daraus für jede Lücke die richtige Lösung auswählen. Prüfungsschwerpunkt: Lexik.

Für die Prüfungsteile Leseverstehen **und** Sprachbausteine haben Sie insgesamt 90 Minuten Zeit.

Hörverstehen

Teil 1: **sechs Ausschnitte aus einer Nachrichtensendung mit fünf Aufgaben**
Sie sollen entscheiden, ob die Aussagen in den Aufgaben richtig oder falsch sind, d. h. ob die Aussage den Hörtext wiedergeben oder nicht.

Teil 2: **ein längeres Gespräch/Interview mit zehn Aufgaben**
Sie sollen entscheiden, ob die Aussagen in den Aufgaben richtig oder falsch sind, d. h. ob es im Hörtext so gesagt wurde oder nicht.

Teil 3: **fünf Kurztexte mit fünf Aufgaben**
Sie sollen entscheiden, ob die Aussagen in den Aufgaben richtig oder falsch sind, d. h. ob die Aussagen den Hörtext wiedergeben oder nicht.

Der Prüfungsteil Hörverstehen dauert ca. 20 Minuten

Schriftlicher Ausdruck (E-Mail)

Sie sollen eine halbformelle E-Mail schreiben und haben hier die Auswahl zwischen einer Bitte um Informationen und einer Beschwerde.
Sie erhalten ein Aufgabenblatt mit einer Beschreibung des Schreibauftrags.

Für das Schreiben der E-Mail haben Sie 30 Minuten Zeit.

Mündlicher Ausdruck

Vorbereitungszeit: 20 Minuten

Teil 0: **Einander kennenlernen**
Sie sprechen mit Ihrer Partnerin / Ihrem Partner oder der Prüferin / dem Prüfer über sich selbst (z. B. Name, Wohnort, Hobbys, Interessen). Dieser Teil wird nicht bewertet.

Teil 1: **Über Erfahrungen sprechen**
Sie sprechen mit Ihrer Partnerin / Ihrem Partner oder der Prüferin / dem Prüfer über Ihre Erfahrungen zu einem Thema. Sieben Themen sind vorgegeben, Sie wählen sich ein Thema aus.

Teil 2: **Diskussion**
Sie sprechen mit Ihrer Partnerin / Ihrem Partner oder der Prüferin / dem Prüfer über einen längeren Text.

Teil 3: **Gemeinsam etwas planen**
Sie planen etwas mit Ihrer Partnerin / Ihrem Partner oder der Prüferin / dem Prüfer (z. B. eine Reise), Sie machen Vorschläge und reagieren auf Vorschläge.

Die mündliche Prüfung dauert ca. 15 Minuten bei zwei Teilnehmer/-innen bzw. 25 Minuten bei drei Teilnehmer/-innen.

Bewertungskriterien

Schriftliche Prüfung

			Gewichtung
Leseverstehen	Teil 1	25 Punkte	
	Teil 2	25 Punkte	
	Teil 3	25 Punkte	
	insgesamt	**75 Punkte**	25 %
Sprachbausteine	Teil 1	15 Punkte	
	Teil 2	15 Punkte	
	insgesamt	**30 Punkte**	10 %
Hörverstehen	Teil 1	25 Punkte	
	Teil 2	25 Punkte	
	Teil 3	25 Punkte	
	insgesamt	**75 Punkte**	25 %
Schriftlicher Ausdruck		45 Punkte	15 %
→ Schriftliche Prüfung insgesamt:		**225 Punkte**	**75 %**

Mündliche Prüfung

Mündlicher Ausdruck	Teil 1	25 Punkte	
	Teil 2	25 Punkte	
	Teil 3	25 Punkte	
	insgesamt	**75 Punkte**	25 %
→ Mündliche Prüfung insgesamt:		**75 Punkte**	**25 %**

Gesamtergebnis

Schriftliche Prüfung	225 Punkte	75 %
Mündliche Prüfung	75 Punkte	25 %
Gesamtpunktezahl	300 Punkte	100 %

Um die Prüfung zu bestehen, müssen Sie in der schriftlichen wie auch in der mündlichen Prüfung mindestens 60 % der Punkte erreichen (135 und 45 Punkte, insgesamt also 180 Punkte).

Die Gesamtprüfung kann beliebig oft wiederholt werden. Wenn einer der beiden Prüfungsteile (schriftliche oder mündliche Prüfung) nicht bestanden wurde, kann dieser Prüfungsteil einzeln wiederholt werden.

Für die erreichten Punkte können Sie folgende Noten bekommen:

270–300 Punkte	sehr gut
240–269,5 Punkte	gut
210–239,5 Punkte	befriedigend
180–209,5 Punkte	ausreichend
0–179,6 Punkte	nicht bestanden

Zu den Bewertungskriterien in den Prüfungsteilen Schriftlicher Ausdruck und Mündlicher Ausdruck → Seite 72/73 und 91.

Modelltest 1

mit
Schritten zur Lösung
Hinweisen
Übungen

Prüfungsteil Leseverstehen

Übersicht

Der Prüfungsteil Leseverstehen besteht aus drei Teilen.

	Textsorte	Aufgabentyp	Punkte	Zeit (empfohlen)
Teil 1	• fünf Berichte/Artikel aus Zeitungen/Zeitschriften/ Internet aus zwei Themenbereichen	• Globalverstehen • Aufgaben 1–5: zehn Überschriften zu den Texten; Zuordnungsaufgabe *(Welche Überschrift passt zu welchem Text?)*	5 x 5 = 25	15 Min.
Teil 2	• ein längerer Artikel/ Pressetext aus Zeitungen/ Zeitschriften/Internet	• Detailverstehen • Aufgaben 6–10: fünf Multiple-Choice-Aufgaben *(Was ist richtig: a, b oder c?)*	5 x 5 = 25	20 Min.
Teil 3	• zwölf kurze Informationstexte, Anzeigen, Auszüge aus Kulturprogrammen, Veranstaltungshinweise u. Ä.	• Selektives Verstehen • Aufgaben 11–20: zehn Situationsbeschreibungen zu den zwölf Texten; Zuordnungsaufgabe *(Welcher Text passt zu welcher Situation?)*	10 x 2,5 = 25	20 Min.

Zeit

In der Prüfung erhalten Sie den Prüfungsteil Leseverstehen zusammen mit dem Prüfungsteil Sprachbausteine (→ Seite 46/47). Für den gesamten Prüfungsteil (Leseverstehen und Sprachbausteine) haben Sie **90 Minuten Zeit**, die Sie sich frei einteilen können. Damit Sie für den Prüfungsteil Sprachbausteine noch genug Zeit haben, sollten Sie für den Prüfungsteil Leseverstehen nicht mehr als 50–55 Minuten verwenden.

Während der 90 Minuten müssen Sie auch noch die Lösungen aus den Prüfungsteilen Leseverstehen und Sprachbausteine auf dem Antwortbogen markieren. Dafür brauchen Sie einige Minuten!

Punkte

Sie können im Prüfungsteil Leseverstehen insgesamt **75 Punkte** erreichen. Das Ergebnis des Prüfungsteils Leseverstehen geht mit 25 % in die Gesamtbewertung der Prüfung ein.

! Gesamtpunktezahl telc B2: **300 Punkte**; Prüfungsteil Leseverstehen 75 Punkte = 25 %.

Prüfungsmaterial

Zum Prüfungsteil Leseverstehen erhalten Sie die **Aufgabenblätter** mit den Texten und Aufgaben sowie den Antwortbogen.

In der Prüfung dürfen Sie keine Hilfsmittel wie Wörterbücher, Mobiltelefone usw. benutzen.

Hinweise

In der Prüfung

- Aufgrund der Zeit, die Ihnen für die Prüfungsteile Leseverstehen und Sprachbausteine zur Verfügung steht (90 Min.), ist es wichtig, dass Sie sich die Zeit für die einzelnen Prüfungsteile gut einteilen. Wir empfehlen für Leseverstehen Teil 1 maximal 15 Minuten, für die Teile 2 und 3 jeweils 20 Minuten. Dann bleibt für Korrekturen, für den Teil Sprachbausteine und die Übertragung der Antworten auf den Antwortbogen noch Zeit.
- Sehen Sie sich bei jedem Prüfungsteil genau an, welche Aufgabe gestellt ist.
- Sie können effektiver arbeiten, wenn Sie in den Aufgaben und Texten Notizen machen, Schlüsselbegriffe unterstreichen oder markieren. Die Aufgabenblätter werden nach der Prüfung nicht mehr benutzt und natürlich auch nicht bewertet.
- Wenn Sie ein Wort nicht verstehen, werden Sie nicht nervös und denken Sie nicht lange nach. Vielleicht ist das Wort für die Aufgaben auch gar nicht wichtig. Lesen Sie einfach weiter, oft erklärt sich die Bedeutung aus dem Kontext, d. h. aus den Textstellen davor oder danach.
- Wenn Sie bei einer Aufgabe nicht gleich die Lösung finden, überlegen Sie nicht lange, sondern machen Sie sofort mit der nächsten Aufgabe weiter. Sehen Sie sich am Ende die Aufgabe, mit der Sie Schwierigkeiten hatten, noch einmal an. Eventuell finden Sie dann die fehlende Lösung, weil Sie den Text mittlerweile besser kennen.
- Markieren Sie Ihre Lösungen entweder sofort im Antwortbogen oder übertragen Sie sie erst zum Schluss. Planen Sie Zeit für das Übertragen ein. Markieren Sie auf jeden Fall eine Lösung, auch wenn Sie raten müssen. Für falsche Antworten gibt es keinen Punktabzug.

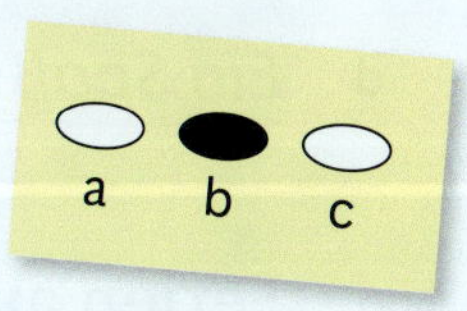

- Verwenden Sie einen weichen Bleistift zur Eintragung Ihrer Lösungen auf den Antwortbogen. Schreiben Sie nicht mit Kugelschreiber.

Vorbereitung auf die Prüfung

Wenn Sie sich auf die Prüfung vorbereiten, sollten Sie:
- beim Lösen des Modelltests kein Wörterbuch oder andere Hilfsmittel benutzen,
- immer die vorgegebenen Zeiten einhalten und mit einer Uhr üben,
- das schnelle Übertragen der Lösungen auf den Antwortbogen üben,
- das schnelle Lesen der Texte üben und nach den Lösungsschritten arbeiten,
- beim Korrigieren Ihrer Ergebnisse auf Ihre typischen Fehler und Schwächen achten und gezielt üben, was Sie noch nicht so gut können.

Das Training im Buch

1. Lesen Sie die Lösungsschritte zu Teil 1 durch (→ Seite 16).
2. Bearbeiten Sie dann den Test (→ Seite 12–15) nach den Lösungsschritten.
3. Vergleichen Sie Ihre Ergebnisse mit den Lösungen (→ Seite 18–21). Wo haben Sie Fehler gemacht? Die Erläuterungen zu den Lösungen sollen Ihnen helfen.
4. So arbeiten Sie auch die Teile 2–3 durch.

Leseverstehen Teil 1

Vorgeschlagene Arbeitszeit für Leseverstehen Teil 1 – Teil 3: 50–55 Minuten

Hinweise zu den Lösungsschritten und zu der Lösung ab S. 16.

Lesen Sie zuerst die zehn Überschriften. Lesen Sie dann die fünf Texte und entscheiden Sie, welche Überschrift (a–j) am besten zu welchem Text (1–5) passt.

Tragen Sie Ihre Lösungen in den Antwortbogen bei den Aufgaben 1–5 ein.

a **Ein Naturerholungsgebiet ist in Gefahr**

b **Immer mehr Staus auf den Straßen**

c **Wassersport in allen Varianten**

d ***Ein Spaß für Jung und Alt***

e **Ferien auf dem Bauernhof**

f **Autobahnbau abgeschlossen**

g **Quer durch Deutschland – auf den Spuren alter Märchen**

h **Neue Radwege sollen bleiben**

i **Neuverfilmung alter Märchen**

j **Auf dem Wasser durch Deutschland reisen**

1

Nadja Keller arbeitet in einem Marionettentheater in Frankfurt. Ihr großes Vorbild sind Theaterstücke der Augsburger Puppenkiste, die bereits seit den 1950er-Jahren vor allem durch ihre Fernsehproduktionen in ganz Deutschland bekannt ist. Diese Marionettenstücke werden heute noch im Fernsehen und bei Streamingdiensten wiederholt. *Jim Knopf* und *Urmel aus dem Eis* sind Marionettenstücke, die immer noch das Publikum erfreuen, unabhängig davon, wie alt es ist. Am letzten Wochenende fuhr Nadja mit ihren Kindern für einen Kurzurlaub nach Augsburg. „Wir hatten zwei Vorstellungen in der Puppenkiste gebucht, einmal eine neue Präsentation des Märchens der Brüder Grimm *Rumpelstilzchen* und außerdem ein ernsteres Marionettenstück, das als Vorlage Goethes *Faust* hatte. Was soll ich sagen, es übertraf meine Erwartungen. Wir alle waren begeistert, für die Kinder war es vor allem toll zu sehen, mit welcher Freude die Marionettenspieler die Stücke präsentieren, wie humorvoll die Dialoge sind und wie wunderbar die Lieder, die die Puppenkiste zu den Stücken geschrieben hat. Und ich fühlte mich mit Freude immer wieder an meine Kindheit erinnert – vor allem bei dem Besuch im Puppenkistenmuseum, wo man alle bekannten Marionetten sehen kann und viele Informationen über die Geschichte der Augsburger Puppenkiste bekommt. Auch meine Kinder fanden es ganz toll, die Figuren, die sie aus den Stücken, die vor Kurzem noch im Fernsehen wiederholt wurden, in echt sehen konnten."

2

Am Wochenende finden bundesweit wieder Aktionstage für eine fahrradfreundliche Verkehrspolitik statt. Gefordert wird unter anderem ein weiterer Ausbau des Radwegenetzes und die dauerhafte Beibehaltung von im vergangenen Jahr eingerichteten Radwegen. Diese Radwege, auch Pop-up-Radwege genannt, wurden in vielen Innenstädten Deutschlands schnell und ohne langfristiges Planungsverfahren eingerichtet – ob sie längerfristig bleiben können, ist aber noch unklar.
Sascha Hellmann von der Radfahrervereinigung Deutschlands: „Allgemein lässt sich sagen, dass der Radverkehr dort, wo es diese neuen Radwege gibt, um weit mehr als 50 % zugenommen hat. Radfahren sei jetzt sicherer geworden, so die Radfahrenden, der Autoverkehr habe abgenommen. Entlang der Radwege konnte eine wesentlich bessere Luftqualität gemessen werden, so lag der Wert für Stickstoffdioxid wesentlich niedriger als auf den anderen Straßen. Was die Akzeptanz der Maßnahme betrifft, ist es nicht verwunderlich, dass fast alle Radfahrenden die neuen Radwege gut finden und viele Autofahrer damit ein Problem haben. Aber auch immer mehr Autofahrer geben an, inzwischen aufs Fahrrad und auf öffentliche Verkehrsmittel umgestiegen zu sein, da sie keine Lust hätten, stundenlang im Stau zu stehen." Sascha Hellmann geht davon aus, dass im Laufe der Zeit die Akzeptanz der neuen Radwege bei allen Verkehrsteilnehmerinnen und -teilnehmern weiter steigen wird – ein Grund mehr, sie auf keinen Fall wieder abzuschaffen.

3

Die deutsche Insel Rügen im Bundesland Mecklenburg-Vorpommern, vielen bekannt durch seine berühmten Kreidefelsen und das Werk des Malers Caspar David Friedrich, ist durch seine wilde Natur und seine geheimnisvollen Höhlen nicht nur Thema vieler Sagen und Märchen, sondern vor allem ein ideales Surf- und Segelrevier. In über 20 Häfen können Segler eine Unterkunft bekommen. Beliebt ist Rügen bei Surfern vor allem wegen der starken Winde. An der Westküste Rügens gibt es das größte Surfgebiet Deutschlands. Auf zwölf Kilometern Länge und mehreren Hundert Metern Breite können Surfer Wind und Wetter genießen. Im Südosten Rügens gibt es einen weiteren idealen Ort zum Surfen, das Ostseebad Thiessow auf der Halbinsel Mönchgut. Unbekannter ist die kleine Insel Vilm mit einem unberührten Naturschutzgebiet, die an der Südküste der Insel Rügen liegt. Ganz gleich, ob Wind- oder Kitesurfen, ob Sie segeln, tauchen oder angeln wollen – auf Rügen finden Sie ideale Bedingungen.
Rügen ist mit dem Zug erreichbar. Sie steigen in Stralsund an der Ostsee in den Regionalexpress nach Binz um, dem größten Seebad auf Rügen. Auch hier kann man surfen, Katamaran fahren, segeln. Und wer nicht so aktiv sein will, kann einfach auf der Ostsee eine Fahrt mit dem Tretboot machen.

4

Klimaaktivisten aus Frankfurt am Main und Umgebung haben am Sonntag gegen den Bau eines neuen Autobahnteilstücks und eines Autobahntunnels in einem Waldgebiet im Osten der Stadt demonstriert. Jens Kamp von der Initiative ‚Unser Wald muss bleiben‘: „Wenn die Stadt ihre Baumaßnahmen durchführt, müssen für gerade einmal ca. 2 km Autobahn ca. 1000 Bäume gefällt werden. Ein großer Teil des Fechenheimer Waldes, der den Menschen zur Erholung dient, wird verschwinden. Solche Projekte sind doch in Zeiten des Klimaschutzes und der Verkehrswende ein absoluter Wahnsinn. Sollte nicht die Schiene Vorrang vor dem Straßenausbau haben? Dazu kommen die Kosten, die heute noch keiner genau einschätzen kann. Nur für den Tunnel werden mindestens 500 Millionen Euro veranschlagt. Durch den geplanten Autobahnausbau erwarten wir eine Verdopplung des Autoverkehrs hier im Frankfurter Osten, Schadstoff- und Lärmbelastung werden zunehmen. Dagegen können die geplanten Lärmschutzmaßnahmen der Stadt auch nichts helfen.“ Jens hofft, dass Klagen gegen den Autobahnausbau Erfolg haben. Genauso wichtig ist aber die Präsenz der Bürgerinnen und Bürger vor Ort. Jeden Sonntag finden im betroffenen Waldstück Spaziergänge statt, auf denen die Gegner des Vorhabens gegen die Autobahn und für den Wald demonstrieren.

5

Die Deutsche Märchenstraße ist eine der bekanntesten Ferienstraßen in Deutschland. Ausgehend von den Märchen der Gebrüder Grimm führt sie von Hanau, der Geburtsstadt der Brüder Grimm, über 600 Kilometer bis nach Norddeutschland nach Bremen, wo das Märchen der *Bremer Stadtmusikanten* spielt. Die Route geht an mehr als 60 Orten vorbei, die alle im Zusammenhang mit den Märchen der Gebrüder Grimm stehen – vorbei an Landschaften und echten Schlössern, die in den Märchen von Grimm eine Rolle spielen.
„Wir wollten einmal Urlaub in Deutschland machen und etwas anderes machen als Badeurlaub oder Ferien auf dem Bauernhof. So kam die Idee, die Märchenstraße zu befahren. Da wir nur wenige Tage zur Verfügung hatten, beschränkten wir uns auf einige Orte. Nach Bremen mit dem bekannten Denkmal der Bremer Stadtmusikanten haben wir Hameln besucht. Dort spielt das Märchen des Rattenfängers von Hameln und es gibt ein sehr interessantes Museum. Am Schluss waren wir noch in Kassel. Dort kann man vom Edersee aus auf das Schneewittchenhaus schauen und auch das Dornröschenschloss ist in der Nähe. Wir haben Veranstaltungen besucht und an vielen Führungen teilgenommen: Es war ein toller, abwechslungsreicher Urlaub – schön, Deutschland einmal ganz anders kennenzulernen."
Vor allem bei Campern ist die Strecke sehr beliebt. Entlang der Märchenstraße gibt es zahlreiche Campingplätze und weitere Übernachtungsmöglichkeiten wie Hotels, Pensionen und Bauernhöfe.

Leseverstehen Teil 1: Schritte zur Lösung

In diesem Prüfungsteil sollen Sie zeigen, dass Sie die Hauptinhalte verschiedener Texte verstehen. Es geht um Globalverstehen, nicht um einzelne Details.

Empfohlene Zeit für diesen Teil: 15 Minuten.

Was sollen Sie tun?

Sie bekommen zehn Überschriften und fünf Texte (Meldungen aus Zeitung, Internet usw.). Sie sollen jedem Text die passende Überschrift, also die Hauptaussage des Textes, zuordnen. Jede Überschrift kann nur einmal verwendet werden, d. h. von den zehn Überschriften lassen sich fünf nicht zuordnen.

Arbeiten Sie am besten nach den folgenden Schritten.

Schritt 1: Überschriften a–j lesen und Schlüsselwörter unterstreichen

Indem Sie die wichtigsten Wörter aus den Überschriften markieren, wissen Sie, worauf Sie beim Lesen der Artikel im folgenden Schritt genau achten müssen.

a Ein Naturerholungsgebiet ist in Gefahr

b **Immer mehr Staus auf den Straßen**

c Wassersport in allen Varianten

d *Ein Spaß für Jung und Alt*

e Ferien auf dem Bauernhof

f **Autobahnbau abgeschlossen**

g **Quer durch Deutschland – auf den Spuren alter Märchen**

h Neue Radwege sollen bleiben

i Neuverfilmung alter Märchen

j Auf dem Wasser durch Deutschland reisen

Es gibt zwei Themenbereiche: Zum einen das Thema Reisen/Urlaub (Überschriften c, d, e, g, j). Das zweite Thema hat etwas mit Umweltschutz, Autobahnen, Verkehr zu tun (Überschriften a, b, f, h). Die Zuordnung zu möglichen Themenbereichen hilft Ihnen, sich in der Aufgabe zu orientieren und die Aufgabe schneller und sicherer zu lösen.
Die Überschrift i hat zwar das Thema Märchen als Schwerpunkt, doch da das Wort „Märchen" in der Überschrift g dem Themenbereich Reisen/Urlaub zugeordnet werden kann, wird das vermutlich auch bei der Überschrift i der Fall sein.

Schritt 2: Text 1 lesen, die wichtigsten Wörter unterstreichen und mit den markierten Schlüsselwörtern in den Überschriften (Schritt 1) vergleichen

Da es in diesem Teil darauf ankommt, die Hauptaussagen der Texte, wie sie sich in den Überschriften finden, zu verstehen, lesen Sie den Text schnell und nicht detailliert. Sie müssen nicht jedes Wort verstehen. Sie haben auch wenig Zeit (Sie sollten nicht länger als 15 Minuten für diesen Prüfungsteil benötigen). Unterstreichen Sie die Textstellen, die zu den markierten Wörtern in den Überschriften passen könnten.

Oft werden gleiche Inhalte im Text und in den Aussagen in anderen Wörtern ausgedrückt. Achten Sie auf Synonyme und Umschreibungen.

Schritt 3: Die richtige Überschrift finden

Einige Überschriften sind sehr ähnlich, oft könnten zwei Überschriften zu einem Text passen. Wenn eine der ähnlichen Überschriften eindeutig falsch ist, passt eventuell die andere. Schreiben Sie den passenden Buchstaben aus den Überschriften a–j neben Text 1 und übertragen Sie die Lösungen erst am Ende dieses Prüfungsteils in den Antwortbogen.

Schritt 4: Bei den Texten 2–5 genauso vorgehen wie bei Schritt 2 und 3

Jede Überschrift kann nur einmal verwendet werden. Wenn Sie für einen Text/Artikel nicht sofort die passende Überschrift finden, überlegen Sie nicht lange und bearbeiten Sie zuerst die anderen Artikel. Am Schluss sind nur noch wenige Überschriften übrig und Sie finden leichter die Lösung. Kreuzen Sie auf jeden Fall eine Lösung an. Für falsche Antworten gibt es keinen Punktabzug.

Fünf Überschriften passen nicht. Für sie gibt es keine Lösung!

Übertragen Sie jetzt oder am Ende dieses Prüfungsteils die Lösungen in den Antwortbogen (S. 156).

Bearbeiten Sie jetzt den Modelltest Leseverstehen Teil 1 auf Seite 12–15 und lösen Sie die Aufgaben 1–5 nach diesen Schritten. Wenn Sie Leseverstehen Teil 1 bearbeitet haben, vergleichen Sie Ihre Ergebnisse mit den Lösungen und Erläuterungen auf Seite 18–21.

Leseverstehen Teil 1: Lösung

Hier können Sie Ihre Ergebnisse mit den Lösungen vergleichen. In den Aufgaben haben wir die Schlüsselwörter unterstrichen, die wichtig sind, um den passenden Artikel zu finden. In den Texten haben wir die Wörter unterstrichen, die zur Lösung der Aufgabe führen.

Zu den Aufgaben 1–5 gibt es außerdem kurze Erläuterungen.

a	Ein Naturerholungsgebiet ist in Gefahr	→ Lösung: 4
b	Immer mehr Staus auf den Straßen	→ Lösung: –
c	Wassersport in allen Varianten	→ Lösung: 3
d	*Ein Spaß für Jung und Alt*	→ Lösung: 1
e	Ferien auf dem Bauernhof	→ Lösung: –
f	Autobahnbau abgeschlossen	→ Lösung: –
g	Quer durch Deutschland – auf den Spuren alter Märchen	→ Lösung: 5
h	Neue Radwege sollen bleiben	→ Lösung: 2
i	Neuverfilmung alter Märchen	→ Lösung: –
j	Auf dem Wasser durch Deutschland reisen	→ Lösung: –

Die Überschriften b, e, f, i und j passen nicht zu den Artikeln/Texten. Für sie gibt es keine Lösung.

1

Nadja Keller arbeitet in einem Marionettentheater in Frankfurt. Ihr großes Vorbild sind Theaterstücke der Augsburger Puppenkiste, die bereits seit den 1950er-Jahren vor allem durch ihre Fernsehproduktionen in ganz Deutschland bekannt ist. Diese Marionettenstücke werden heute noch im Fernsehen und bei Streamingdiensten wiederholt. *Jim Knopf* und *Urmel aus dem Eis* sind Marionettenstücke, die immer noch das Publikum erfreuen, unabhängig davon, wie alt es ist. Am letzten Wochenende fuhr Nadja mit ihren Kindern für einen Kurzurlaub nach Augsburg. „Wir hatten zwei Vorstellungen in der Puppenkiste gebucht, einmal eine neue Präsentation des Märchens der Brüder Grimm *Rumpelstilzchen* und außerdem ein ernsteres Marionettenstück, das als Vorlage Goethes *Faust* hatte. Was soll ich sagen, es übertraf meine Erwartungen. Wir alle waren begeistert, für die Kinder war es vor allem toll, zu sehen, mit welcher Freude die Marionettenspieler die Stücke präsentieren, wie humorvoll die Dialoge sind und wie wunderbar die Lieder, die die Puppenkiste zu den Stücken geschrieben hat. Und ich fühlte mich mit Freude immer wieder an meine Kindheit erinnert – vor allem bei dem Besuch im Puppenkistenmuseum, wo man alle bekannten Marionetten sehen kann und viele Informationen über die Geschichte der Augsburger Puppenkiste bekommt. Auch meine Kinder fanden es ganz toll, die Figuren, die sie aus den Stücken, die vor Kurzem noch im Fernsehen wiederholt wurden, in echt sehen konnten.“ d

2

Am Wochenende finden bundesweit wieder Aktionstage für eine fahrradfreundliche Verkehrspolitik statt. Gefordert wird unter anderem ein weiterer Ausbau des Radwegenetzes und die dauerhafte Beibehaltung von im vergangenen Jahr eingerichteten Radwegen. Diese Radwege, auch Pop-up-Radwege genannt, wurden in vielen Innenstädten Deutschlands schnell und ohne langfristiges Planungsverfahren eingerichtet – ob sie längerfristig bleiben können, ist aber noch unklar. h

Sascha Hellmann von der Radfahrervereinigung Deutschlands: „Allgemein lässt sich sagen, dass der Radverkehr dort, wo es diese neuen Radwege gibt, um weit mehr als 50 % zugenommen hat. Radfahren sei jetzt sicherer geworden, so die Radfahrenden, der Autoverkehr habe abgenommen. Entlang der Radwege konnte eine wesentlich bessere Luftqualität gemessen werden, so lag der Wert für Stickstoffdioxid wesentlich niedriger als auf den anderen Straßen. Was die Akzeptanz der Maßnahme betrifft, ist es nicht verwunderlich, dass fast alle Radfahrenden die neuen Radwege gut finden und viele Autofahrer damit ein Problem haben. Aber auch immer mehr Autofahrer geben an, inzwischen aufs Fahrrad und auf öffentliche Verkehrsmittel umgestiegen zu sein, da sie keine Lust hätten, stundenlang im Stau zu stehen.“ Sascha Hellmann geht davon aus, dass im Laufe der Zeit die Akzeptanz der neuen Radwege bei allen Verkehrsteilnehmerinnen und -teilnehmern weiter steigen wird – ein Grund mehr, sie auf keinen Fall wieder abzuschaffen. h

3

Die deutsche Insel Rügen im Bundesland Mecklenburg-Vorpommern, vielen bekannt durch seine berühmten Kreidefelsen und das Werk des Malers Caspar David Friedrich, ist durch seine wilde Natur und seine geheimnisvollen Höhlen nicht nur Thema vieler Sagen und Märchen, sondern vor allem ein ideales Surf- und Segelrevier. In über 20 Häfen können Segler eine Unterkunft bekommen. Beliebt ist Rügen bei Surfern vor allem wegen der starken Winde. An der Westküste Rügens gibt es das größte Surfgebiet Deutschlands. Auf zwölf Kilometern Länge und mehreren Hundert Metern Breite können Surfer Wind und Wetter genießen. Im Südosten Rügens gibt es einen weiteren idealen Ort zum Surfen, das Ostseebad Thiessow auf der Halbinsel Mönchgut. Unbekannter ist die kleine Insel Vilm mit einem unberührten Naturschutzgebiet, die an der Südküste der Insel Rügen liegt. Ganz gleich, ob Wind- oder Kitesurfen, ob Sie segeln, tauchen oder angeln wollen – auf Rügen finden Sie ideale Bedingungen. Rügen ist mit dem Zug erreichbar. Sie steigen in Stralsund an der Ostsee in den Regionalexpress nach Binz um, dem größten Seebad auf Rügen. Auch hier kann man surfen, Katamaran fahren, segeln. Und wer nicht so aktiv sein will, kann einfach auf der Ostsee eine Fahrt mit dem Tretboot machen.	c c

4

Klimaaktivisten aus Frankfurt am Main und Umgebung haben am Sonntag gegen den Bau eines neuen Autobahnteilstücks und eines Autobahntunnels in einem Waldgebiet im Osten der Stadt demonstriert. Jens Kamp von der Initiative ‚Unser Wald muss bleiben': „Wenn die Stadt ihre Baumaßnahmen durchführt, müssen für gerade einmal ca. 2 km Autobahn ca. 1000 Bäume gefällt werden. Ein großer Teil des Fechenheimer Waldes, der den Menschen zur Erholung dient, wird verschwinden. Solche Projekte sind doch in Zeiten des Klimaschutzes und der Verkehrswende ein absoluter Wahnsinn. Sollte nicht die Schiene Vorrang vor dem Straßenausbau haben? Dazu kommen die Kosten, die heute noch keiner genau einschätzen kann. Nur für den Tunnel werden mindestens 500 Millionen Euro veranschlagt. Durch den geplanten Autobahnausbau erwarten wir eine Verdopplung des Autoverkehrs hier im Frankfurter Osten, Schadstoff- und Lärmbelastung werden zunehmen. Dagegen können die geplanten Lärmschutzmaßnahmen der Stadt auch nichts helfen." Jens hofft, dass Klagen gegen den Autobahnausbau Erfolg haben. Genauso wichtig ist aber die Präsenz der Bürgerinnen und Bürger vor Ort. Jeden Sonntag finden im betroffenen Waldstück Spaziergänge statt, auf denen die Gegner des Vorhabens gegen die Autobahn und für den Wald demonstrieren.	a

5

Die Deutsche Märchenstraße ist eine der bekanntesten Ferienstraßen in Deutschland. Ausgehend von den Märchen der Gebrüder Grimm führt sie von Hanau, der Geburtsstadt der Brüder Grimm, über 600 Kilometer bis nach Norddeutschland nach Bremen, wo das Märchen der *Bremer Stadtmusikanten* spielt. Die Route geht an mehr als 60 Orten vorbei, die alle im Zusammenhang mit den Märchen der Gebrüder Grimm stehen – vorbei an Landschaften und echten Schlössern, die in den Märchen von Grimm eine Rolle spielen. g

„Wir wollten einmal Urlaub in Deutschland machen und etwas anderes machen als Badeurlaub oder Ferien auf dem Bauernhof. So kam die Idee, die Märchenstraße zu befahren. Da wir nur wenige Tage zur Verfügung hatten, beschränkten wir uns auf einige Orte. Nach Bremen mit dem bekannten Denkmal der Bremer Stadtmusikanten haben wir Hameln besucht. Dort spielt das Märchen des Rattenfängers von Hameln und es gibt ein sehr interessantes Museum. Am Schluss waren wir noch in Kassel. Dort kann man vom Edersee aus auf das Schneewittchenhaus schauen und auch das Dornröschenschloss ist in der Nähe. Wir haben Veranstaltungen besucht und an vielen Führungen teilgenommen: Es war ein toller, abwechslungsreicher Urlaub – schön, Deutschland einmal ganz anders kennenzulernen."

Vor allem bei Campern ist die Strecke sehr beliebt. Entlang der Märchenstraße gibt es zahlreiche Campingplätze und weitere Übernachtungsmöglichkeiten wie Hotels, Pensionen und Bauernhöfe.

Erläuterungen

1 **d** ist richtig: *Ein Spaß für Jung und Alt.*
Nadja sagt: *Wir alle waren begeistert, für die Kinder war es vor allem toll, ...* Aber auch sie hatte Spaß. Und *ich fühlte mich mit Freude immer wieder an meine Kindheit erinnert.*

g ist falsch: *Quer durch Deutschland – auf den Spuren alter Märchen* trifft nicht zu. Zwar haben sich Nadja und Kinder im Puppentheater in der Stadt Augsburg ein Märchen angesehen, aber die Überschrift g würde bedeuten, dass mehrere Orte in Deutschland (*Quer durch Deutschland*) präsentiert werden, an denen man alte Märchen entdecken kann.

i ist falsch: Es geht nicht um die *Neuverfilmung alter Märchen.* Die Wörter Märchen und Film (hier: Fernsehen) tauchen zwar in Text 1 auf, aber in einem ganz anderen Zusammenhang. Oft tauchen gleiche oder ähnliche Wörter in Texten und Überschriften auf, aber in einem anderen Kontext.

> Achten Sie bei ähnlichen oder gleichen Wörtern auf den Kontext.

2 **h** ist richtig: *Neue Radwege sollen bleiben.*
Im Text geht es um Aktionstage, damit neu eingerichtete Radwege bleiben können. *Gefordert wird ... dauerhafte Beibehaltung von im vergangenen Jahr eingerichteten Radwegen.*
Und am Ende: ... *geht davon aus, dass im Laufe der Zeit die Akzeptanz der neuen Radwege bei allen Verkehrsteilnehmerinnen und -teilnehmern weiter steigen wird – ein Grund mehr, sie auf keinen Fall wieder abzuschaffen.*
Eine dauerhafte Beibehaltung (der Radwege) und dass man sie auf keinen Fall wieder abschaffen soll, bedeutet, dass die Radwege bleiben sollen. Hier werden in Text und Überschrift Synonyme und Umschreibungen verwendet, die Sie erkennen sollen (*bleiben* = nicht abschaffen, beibehalten).

> Achten Sie auf Synonyme und Umschreibungen

b ist falsch. *Immer mehr Staus auf den Straßen* trifft nicht zu. Im Text steht nur an einer Stelle, dass Autofahrer keine Lust mehr hätten, stundenlang im Stau zu stehen, und nicht, dass es immer mehr Staus gibt. Stau ist außerdem nicht Thema des Artikels.

3 **c** ist richtig: *Wassersport in allen Varianten.*
Der Text präsentiert die deutsche Insel Rügen, wo man Wassersport in allen Varianten betreiben kann. Es gibt hier zahlreiche Textstellen: *Rügen ist vor allem ein ideales Surf- und Segelrevier, ... das größte Surfgebiet Deutschlands, ... segeln, tauchen oder angeln, ... ideale Bedingungen.*

j ist falsch. *Auf dem Wasser durch Deutschland reisen* wird so nicht gesagt: Man kann in Rügen auf dem Wasser Urlaub machen, der Text gibt aber keine Informationen darüber, wie man auf dem Wasser durch ganz Deutschland reisen kann.

> Wichtig ist immer nur, was im Text gesagt wird!

d ist falsch. Sicher haben *Jung und Alt Spaß* beim Wassersport auf Rügen. Das wird im Text aber nicht gesagt.

4 **a** ist richtig: *Ein Naturerholungsgebiet ist in Gefahr*.
Der Text beschreibt Aktionen zur Rettung eines Waldes vor einem Autobahnausbau.
‚Unser Wald muss bleiben‘: „Wenn die Stadt ihre Baumaßnahmen durchführt, ... Ein großer Teil des Fechenheimer Waldes, der den Menschen zur Erholung dient, wird verschwinden.
Ein Wald, der zur Erholung dient, ist ein Naturerholungsgebiet, *ein großer Teil des Waldes ... wird verschwinden* bedeutet, dass der Wald in Gefahr ist.

f ist falsch. *Autobahnbau abgeschlossen* stimmt nicht, es ist zwar ein Autobahnbau geplant und gegen die Durchführung wird protestiert, aber der Autobahnbau ist nicht abgeschlossen (= beendet).

5 **g** ist richtig. *Quer durch Deutschland – auf den Spuren alter Märchen*.
Der Text präsentiert eine ganz andere Art, einmal durch Deutschland zu reisen. Quer durch Deutschland, *von Hanau ... über 600 Kilometer bis nach Norddeutschland nach Bremen* kann man die Märchenstraße mit all ihren Attraktionen besuchen; *schön Deutschland einmal ganz anders kennenzulernen*.
Die Straße bewegt sich entlang der Spuren alter Märchen. *Die Route geht an mehr als 60 Orten vorbei, die alle im Zusammenhang mit den Märchen der Gebrüder Grimm stehen.*

d ist falsch. Sicher haben *Jung und Alt Spaß* beim Besuch der Märchenstraße und der Veranstaltungen. Das wird im Text aber nicht gesagt.

e ist falsch. Von *Ferien auf dem Bauernhof* ist im Text keine Rede. Zwar kann man während des Besuchs der Märchenstraße auch auf einem Bauernhof übernachten, das wird aber nur im letzten Satz kurz erwähnt und ist nicht Thema des Artikels.
An anderer Stelle taucht *Bauernhof* noch einmal auf, aber in einem anderen Kontext:
Wir wollten einmal Urlaub in Deutschland machen und etwas anderes machen als Badeurlaub oder Ferien auf dem Bauernhof.

Leseverstehen Teil 2

Vorgeschlagene Arbeitszeit für Leseverstehen Teil 1 – Teil 3:
50–55 Minuten

Hinweise zu den Lösungsschritten und zu der Lösung ab S. 26.

Lesen Sie zuerst den Text und lösen Sie dann die Aufgaben 6–10.

Prüfungsängste überwinden – aber wie?

Kaum jemand wird von sich behaupten können, vor Prüfungen nicht aufgeregt oder nervös gewesen zu sein. Prüfungen sind nun einmal Ausnahmesituationen, auf die jeder Einzelne anders reagiert als im normalen Leben. Und etwas Anspannung vor einer Prüfung kann durchaus ihren Sinn haben, durch diese Anspannung wird man oft konzentrierter, wacher und aufmerksamer. Dieser durchaus positive Stress kann aber auch zu negativem Stress führen. Dann wird die Nervosität vor einer Prüfung zur Angst und es kommt zu Lernblockaden. Um das zu vermeiden, sollten Sie zuerst einmal schauen, was in der Prüfung von Ihnen verlangt wird.

Arbeiten Sie Prüfungsmodelle durch und machen Sie sich einen Lehrplan: Was wird verlangt und vor allen Dingen, was wird nicht von Ihnen verlangt? Womit haben Sie Schwierigkeiten, aber vor allem, was können Sie gut? Dadurch, dass Sie auch Ihre Stärken erkennen, wird die Prüfung ihren bedrohenden Charakter verlieren und Sie gewinnen Vertrauen in Ihre eigenen Fähigkeiten. Die normale Anspannung vor der Prüfung wird Sie motivieren, besser zu werden, wobei es nicht das Ziel sein muss, absolut perfekt zu sein. Vollkommen fehlerfrei müssen Sie nicht sein.

Nun ist nicht nur die Frage, was man lernen muss, bei der Prüfungsvorbereitung wichtig, sondern Sie sollten sich auch die Frage stellen: Wie lerne ich am besten? Vielleicht lernen Sie am besten durch Visualisierung, also mit Bildern, Tabellen, Karteikarten, Mindmaps. Oder Sie lernen am besten durch Hören und Nachsprechen – dann können Sie z. B. Prüfungsstoff mit dem Smartphone aufnehmen und immer wieder anhören. Auch Auswendiglernen kann in bestimmten Situationen helfen, sich abfragbares Wissen für einen bestimmten Zeitraum anzueignen. Diese Methode kann Stress minimieren. Sie ersetzt aber nicht das Erkennen von Zusammenhängen.

Zu einem Lernplan gehört auch ein Zeitplan. Machen Sie beim Lernen immer wieder Pausen: nach 90 Minuten eine kleine Pause und nach längeren Lernphasen eine längere Pause. Natürlich ist die Konzentration bei jedem anders. Allgemein kann man aber sagen, dass den ganzen Tag zu lernen – von 8 bis 18 Uhr – zu nichts führt. Irgendwann kann der Kopf nichts mehr aufnehmen. Vergessen Sie nicht, sich nach dem Lernen Zeit für Ruhe und Entspannung zu nehmen. In den Pausen sollten Sie etwas ganz anderes machen: Freunde treffen, Sport, Fernsehen, etwas, das Ihnen Spaß macht. Sind Sie morgens aktiv, wird der Zeitplan anders aussehen, als wenn Sie lieber nachmittags und abends arbeiten. Jeder Mensch lernt anders. Sie selbst wissen am besten, zu welcher Tageszeit Sie am besten lernen und sich konzentrieren können.

Die äußeren Gegebenheiten müssen stimmen. Wenn Sie das Gefühl haben, zu Hause zu sehr abgelenkt zu werden, suchen Sie einen anderen Ort auf, zum Beispiel die Bibliothek. Oft ist es nicht einfach, Ablenkungen als solche zu erkennen und etwas dagegen zu tun. Um konzentriert arbeiten zu können, brauchen Sie auf jeden Fall Ruhe – das heißt auch, dass Sie alle Einflüsse von außen minimieren sollten. Dazu gehört auch, das Smartphone auszuschalten und nicht erreichbar zu sein. Auch Atem- und Entspannungsübungen oder leichte Sport- und Bewegungsübungen können helfen, eine innere Ruhe zu finden.

Auf jeden Fall ist die innere Einstellung ganz wichtig: Was soll denn schon passieren? Gibt es wirklich einen Grund, Angst zu haben? Wichtig ist, die Nacht vor der Prüfung gut zu schlafen und danach ausgeruht zu sein. Also am Abend vor der Prüfung nichts mehr lernen, sondern etwas ganz anderes machen: etwas Schönes, etwas, das Freude macht.

Und zum Schluss. Sprechen Sie über Ihren Prüfungsstress: mit Freunden, Eltern, Kolleg*innen. Simulieren Sie Prüfungsgespräche in Gruppen. Und sprechen Sie über Ihre Ängste. Dadurch lässt sich der Druck vermindern und Sie werden sehen, dass Sie nicht die einzige Person sind, die gestresst ist.

Lösen Sie die Aufgaben 6–10. Entscheiden Sie, welche Lösung (a, b oder c) richtig ist, und tragen Sie Ihre Lösung in den Antwortbogen bei den Aufgaben 6–10 ein.

6 Ein Lehrplan kann helfen,

a Aufregung vor einer Prüfung zu vermeiden.
b das Selbstbewusstsein vor einer Prüfung zu stärken.
c möglichst wenige Fehler zu machen.

7 Auswendiglernen

a führt nur zu kurzem Lernerfolg.
b ist in Einzelfällen sinnvoll.
c erleichtert das schnelle Begreifen von Textinhalten.

8 Es wird empfohlen,

a den Tag in Phasen einzuteilen.
b den Prüfungsstoff auch in der Freizeit zu wiederholen.
c täglich mindestens eine längere Pause einzulegen.

9 Morgenmenschen

a haben keine spezifischen Vorteile.
b können Prüfungen besser bewältigen.
c sind konzentrierter.

10 Ängste lassen sich abbauen, wenn man

a außerhalb von zu Hause lernt.
b mit anderen Menschen spricht.
c regelmäßiges Sporttraining macht.

Leseverstehen Teil 2: Schritte zur Lösung

In diesem Prüfungsteil wird Detailverstehen geprüft, d. h. Sie müssen den Text sehr genau lesen. Hier kann jeder Satz im Text wichtig für die Lösung sein.

Empfohlene Zeit für diesen Teil: 20 Minuten.

Was sollen Sie tun?

Sie bekommen einen längeren Text (meistens Zeitungsartikel) mit Informationen zu einem allgemeinen Thema. Zu dem Text gibt es fünf Aufgaben. Sie sollen entscheiden: Welche von je drei Lösungen (a, b oder c) entspricht dem Text am genauesten? Immer nur eine Lösung pro Aufgabe ist richtig.

Arbeiten Sie am besten nach den folgenden Schritten.

Schritt 1: Überschrift und die erste Aussage (Item 6) lesen, Schlüsselwörter unterstreichen

Die Überschrift gibt Ihnen einen ersten Eindruck, worum es im Text geht:

Prüfungsängste überwinden – aber wie?

Lesen Sie die erste Aussage und unterstreichen Sie Schlüsselwörter.

Beispiel:

6 Ein Lehrplan kann helfen,

a Aufregung vor einer Prüfung zu vermeiden.
b das Selbstbewusstsein vor einer Prüfung zu stärken.
c möglichst wenige Fehler zu machen.

Schritt 2: Den Anfang des Artikels lesen und Schlüsselwörter unterstreichen

Lesen Sie den Text, bis Sie auf Schlüsselwörter stoßen, die zu den unterstrichenen Wörtern in der ersten Aussage (Item 6) passen könnten, also in unserem Beispiel zu: *Ein Lernplan kann helfen → Aufregung vermeiden / Selbstbewusstsein stärken / weniger Fehler machen*.

Oft werden Wörter aus den Aufgaben im Text anders ausgedrückt (*Aufregung → Anspannung*) oder umschrieben.

Oft werden gleiche Inhalte im Text und in den Aussagen in anderen Wörtern ausgedrückt. Achten Sie auf Synonyme und Umschreibungen.

Zur Lösung der Aufgaben ist es nur wichtig, was im Text gesagt wird. Auch wenn Sie persönlich der Meinung sind, dass eine andere Lösung zutreffen könnte (siehe z. B. Erläuterungen zu Aufgabe 6).

Lesen Sie den Text so lange, bis Sie die richtige Lösung zu der ersten Aussage (Item 6) gefunden haben. Die Aufgaben folgen immer dem Ablauf des Textes.

Die Reihenfolge der Aufgaben entspricht immer dem Ablauf des Textes.

Schritt 3: Unterstrichene Textstellen und die Aussagen a, b und c vergleichen und die richtige Lösung ankreuzen

Vergleichen Sie die Textstellen, die Sie unterstrichen haben, mit den Aussagen a, b und c aus der Aufgabe. Immer nur eine Aussage ist richtig (a, b oder c).

Wenn Sie nicht sofort die richtige Lösung finden, streichen Sie die Sätze, die mit Sicherheit nicht passen.

a, b, c-Aufgaben: Es gibt immer nur eine richtige Lösung!

Schritt 4: Bei den anderen Aussagen (Item 7–10) genauso vorgehen, also zuerst die Aufgabe lesen, dann die Textstelle im nächsten Teil des Artikels suchen und die richtige Lösung ankreuzen

Entgegen der Arbeitsanweisung zu dieser Prüfungsaufgabe ‚*Lesen Sie zuerst den Text und lösen Sie dann die Aufgaben 6–10*' empfehlen wir, zuerst die Aufgaben zu lesen und danach den Text.

Da Sie für diesen Teil nur wenig Zeit haben, sollten Sie für diesen Prüfungsteil nicht mehr als 20 Minuten benötigen. Gehen Sie hier am besten schrittweise vor.

Beginnen Sie mit Aufgabe 6 und lesen Sie danach den Text, bis Sie die Lösung gefunden haben. Danach lesen Sie Aufgabe 7 und danach den nächsten Textteil, bis Sie die Lösung finden. Dann Aufgabe 8 mit dem nächsten Textteil usw.
Wenn Sie sehr schnell lesen und arbeiten können, können Sie sich natürlich auch zuerst den ganzen Artikel durchlesen und ihn in einem zweiten Durchgang, wie beschrieben, bearbeiten.

Wenn Sie zu einer Aufgabe nicht sofort die richtige Lösung finden, überlegen Sie nicht lange, sondern gehen Sie zur nächsten Aufgabe. In einem zweiten Durchgang können Sie sich dann auf die Aufgaben konzentrieren, zu denen Sie noch keine Lösung finden konnten. Kreuzen Sie auf jeden Fall eine Lösung an, auch wenn Sie die Lösung nicht gefunden haben. Vielleicht konnten Sie bereits einen der drei Sätze a, b oder c als unsinnig oder unpassend streichen. Dann müssen Sie sich nur noch zwischen zwei Sätzen entscheiden.
Für falsche Antworten gibt es keinen Punktabzug.

Die Lösungen können Sie jetzt schon in den Antwortbogen übertragen oder am Ende des Prüfungsteils Leseverstehen.

Bearbeiten Sie jetzt den Modelltest Leseverstehen Teil 2 auf Seite 24/25 und lösen Sie die Aufgaben 6–10 nach diesen Schritten. Wenn Sie Leseverstehen Teil 2 bearbeitet haben, vergleichen Sie Ihre Ergebnisse mit den Lösungen und Erläuterungen auf Seite 28–31.

Leseverstehen Teil 2: Lösung

Hier können Sie Ihre Ergebnisse mit den Lösungen vergleichen. In den Aufgaben haben wir die Schlüsselwörter unterstrichen, die wichtig sind, um die passenden Textstellen zu finden. In den Texten haben wir die Wörter unterstrichen, die zur Lösung der Aufgaben führen.

Zu den Aufgaben gibt es außerdem kurze Erläuterungen.

Prüfungsängste überwinden – aber wie?

Kaum jemand wird von sich behaupten können, vor Prüfungen nicht aufgeregt oder nervös gewesen zu sein. Prüfungen sind nun einmal Ausnahmesituationen, auf die jeder Einzelne anders reagiert als im normalen Leben. Und etwas Anspannung vor einer Prüfung kann durchaus ihren Sinn haben, durch diese Anspannung wird man oft konzentrierter, wacher und aufmerksamer. Dieser durchaus positive Stress kann aber auch zu negativem Stress führen. Dann wird die Nervosität vor einer Prüfung zur Angst und es kommt zu Lernblockaden. Um das zu vermeiden, sollten Sie zuerst einmal schauen, was in der Prüfung von Ihnen verlangt wird.

Arbeiten Sie Prüfungsmodelle durch und machen Sie sich einen Lehrplan: Was wird
verlangt und vor allen Dingen, was wird nicht von Ihnen verlangt? Womit haben Sie
Schwierigkeiten, aber vor allem, was können Sie gut? Dadurch, dass Sie auch Ihre
Stärken erkennen, wird die Prüfung ihren bedrohenden Charakter verlieren und Sie 6b
gewinnen Vertrauen in Ihre eigenen Fähigkeiten. Die normale Anspannung vor der
Prüfung wird Sie motivieren, besser zu werden, wobei es nicht das Ziel sein muss,
absolut perfekt zu sein. Vollkommen fehlerfrei müssen Sie nicht sein.

Nun ist nicht nur die Frage, was man lernen muss, bei der Prüfungsvorbereitung wich-
tig, sondern Sie sollten sich auch die Frage stellen: Wie lerne ich am besten? Vielleicht
lernen Sie am besten durch Visualisierung, also mit Bildern, Tabellen, Karteikarten,
Mindmaps. Oder Sie lernen am besten durch Hören und Nachsprechen – dann können
Sie z. B. Prüfungsstoff mit dem Smartphone aufnehmen und immer wieder anhören.
Auch Auswendiglernen kann in bestimmten Situationen helfen, sich abfragbares 7b
Wissen für einen bestimmten Zeitraum anzueignen. Diese Methode kann Stress mini-
mieren. Sie ersetzt aber nicht das Erkennen von Zusammenhängen.

Zu einem Lernplan gehört auch ein Zeitplan. Machen Sie beim Lernen immer wieder
Pausen: nach 90 Minuten eine kleine Pause und nach längeren Lernphasen eine länge- 8a
re Pause. Natürlich ist die Konzentration bei jedem anders. Allgemein kann man aber
sagen, dass den ganzen Tag zu lernen – von 8 bis 18 Uhr – zu nichts führt. Irgendwann
kann der Kopf nichts mehr aufnehmen. Vergessen Sie nicht, sich nach dem Lernen Zeit
für Ruhe und Entspannung zu nehmen. In den Pausen sollten Sie etwas ganz anderes
machen: Freunde treffen, Sport, Fernsehen, etwas, das Ihnen Spaß macht. Sind Sie
morgens aktiv, wird der Zeitplan anders aussehen, als wenn Sie lieber nachmittags und
abends arbeiten. Jeder Mensch lernt anders. Sie selbst wissen am besten, zu welcher 9a
Tageszeit Sie am besten lernen und sich konzentrieren können.

Die äußeren Gegebenheiten müssen stimmen. Wenn Sie das Gefühl haben, zu Hause zu sehr abgelenkt zu werden, suchen Sie einen anderen Ort auf, zum Beispiel die Bibliothek. Oft ist es nicht einfach, Ablenkungen als solche zu erkennen und etwas dagegen zu tun. Um konzentriert arbeiten zu können, brauchen Sie auf jeden Fall Ruhe – das heißt auch, dass Sie alle Einflüsse von außen minimieren sollten. Dazu gehört auch, das Smartphone auszuschalten und nicht erreichbar zu sein. Auch Atem- und Entspannungsübungen oder leichte Sport- und Bewegungsübungen können helfen, eine innere Ruhe zu finden.

Auf jeden Fall ist die innere Einstellung ganz wichtig: Was soll denn schon passieren? Gibt es wirklich einen Grund, Angst zu haben? Wichtig ist, die Nacht vor der Prüfung gut zu schlafen und danach ausgeruht zu sein. Also am Abend vor der Prüfung nichts mehr lernen, sondern etwas ganz anderes machen: etwas Schönes, etwas, das Freude macht.

Und zum Schluss. Sprechen Sie über Ihren Prüfungsstress: mit Freunden, Eltern, Kolleg*innen. Simulieren Sie Prüfungsgespräche in Gruppen. Und sprechen Sie über Ihre Ängste. Dadurch lässt sich der Druck vermindern und Sie werden sehen, dass Sie nicht die einzige Person sind, die gestresst ist. 10b

6 Ein Lehrplan kann helfen,

a Aufregung vor einer Prüfung zu vermeiden.
b das Selbstbewusstsein vor einer Prüfung zu stärken.
c möglichst wenige Fehler zu machen.

7 Auswendiglernen

a führt nur zu kurzem Lernerfolg.
b ist in Einzelfällen sinnvoll.
c erleichtert das schnelle Begreifen von Textinhalten.

8 Es wird empfohlen,

a den Tag in Phasen einzuteilen.
b den Prüfungsstoff auch in der Freizeit zu wiederholen.
c täglich mindestens eine längere Pause einzulegen.

9 Morgenmenschen

a haben keine spezifischen Vorteile.
b können Prüfungen besser bewältigen.
c sind konzentrierter.

10 Ängste lassen sich abbauen, wenn man

a außerhalb von zu Hause lernt.
b mit anderen Menschen spricht.
c regelmäßiges Sporttraining macht.

Erläuterungen

6 Das erste Schlüsselwort der Aufgabe ist *Lehrplan*. *Ein Lehrplan kann helfen, ...*
Um die Aufgabe 6 zu lösen, müssen Sie Informationen zum Lehrplan finden. Erst im zweiten Absatz des Textes wird über einen Lehrplan gesprochen. Die Informationen im ersten Absatz werden dann für die richtige Lösung der Aufgabe keine Bedeutung haben.

b ist richtig: *Ein Lehrplan kann helfen, das Selbstbewusstsein vor einer Prüfung zu stärken.*
Im Text steht: ... *machen Sie sich einen Lehrplan: ... Womit haben Sie Schwierigkeiten, aber vor allem, was können Sie gut? Dadurch, dass Sie auch Ihre Stärken erkennen, wird die Prüfung ihren bedrohenden Charakter verlieren und Sie gewinnen Vertrauen in Ihre eigenen Fähigkeiten.*
Die eigenen Stärken erkennen und *Vertrauen in die eigenen Fähigkeiten* gewinnen bedeutet, *das Selbstbewusstsein zu stärken*.

a ist falsch. *Ein Lehrplan kann helfen, Aufregung vor einer Prüfung zu vermeiden* wird im Text nicht gesagt. Dort steht zwar ganz zu Beginn des Textes *etwas Anspannung (= Aufregung) vor einer Prüfung kann durchaus ihren Sinn haben* (Aufregung = Anspannung kann auch positiv sein), aber dieser Stelle ist im Text von einem *Lehrplan* noch nicht die Rede.

c ist falsch. Im Text steht nicht *Ein Lehrplan kann helfen, möglichst wenige Fehler zu machen*, sondern dass es *nicht das Ziel sein muss, absolut perfekt zu sein. Vollkommen fehlerfrei müssen Sie nicht sein.*

Vorsicht: Auch wenn Sie der Meinung sind, dass a und c hier durchaus zutreffen könnten und aus Ihren eigenen Erfahrungen Ihnen ein Lehrplan eventuell geholfen hat, vor und in der Prüfung weniger aufgeregt zu sein und besser zu lernen, also weniger Fehler zu machen – wichtig ist immer nur, was im Text gesagt wird.

7 **b** ist richtig: *Auswendiglernen ist in Einzelfällen sinnvoll.*
Im Text steht: ... *Auswendiglernen kann in bestimmten Situationen helfen, sich abfragbares Wissen für einen bestimmten Zeitraum anzueignen. In bestimmten Situationen* bedeutet so viel wie *in Einzelfällen.*

a ist falsch. *Auswendiglernen führt nur zu kurzem Lernerfolg* wird im Text nicht gesagt.

c ist falsch. *Auswendiglernen erleichtert das schnelle Begreifen von Textinhalten* wird im Text nicht gesagt, sondern im Text steht: *Diese Methode (also das Auswendiglernen) kann Stress minimieren. Sie ersetzt aber nicht das wirkliche Erkennen von Zusammenhängen.* Sie hilft nicht dabei, Zusammenhänge (Textinhalte) zu begreifen (= *zu erkennen*, wirklich zu verstehen).

8 **a** ist richtig: *Es wird empfohlen, den Tag in Phasen einzuteilen*.
Im Text steht: *Zu einem Lernplan gehört auch ein Zeitplan. Machen Sie beim Lernen immer wieder Pausen: nach 90 Minuten eine kleine Pause und nach längeren Lernphasen eine längere Pause.* Das heißt, man soll täglich mehrere Lernphasen planen. Je nachdem, wie lange die Lernphase ist, soll man die Länge der Pausen festlegen.

b ist falsch. Es wird nicht *empfohlen, den Prüfungsstoff auch in der Freizeit zu wiederholen.* Im Gegenteil: Nach dem Lernen soll man sich Zeit für Ruhe und Entspannung nehmen und in den Pausen etwas ganz anderes machen.

c ist falsch. *Es wird empfohlen, täglich mindestens eine längere Pause einzulegen* steht so nicht im Text. Laut Text soll man zwar immer wieder Pausen machen, kleine und längere – es wird aber nicht gesagt, dass man täglich mindestens eine längere Pause einlegen soll.
Sie sehen, in diesem Teil ist detailliertes Lesen wichtig.

9 **a** ist richtig: *Morgenmenschen haben keine spezifischen Vorteile.*
Im Text steht: *Sind Sie morgens aktiv, wird der Zeitplan anders aussehen, als wenn Sie lieber nachmittags und abends arbeiten. Jeder Mensch lernt anders. Sie selbst wissen am besten, zu welcher Tageszeit Sie am besten lernen und sich konzentrieren können.*
Es gibt keine allgemeine Aussage, ob man morgens besser lernt als zu anderen Tageszeiten. Wie man lernt, ist individuell unterschiedlich. Für den einen hat es Vorteile, morgens zu lernen, für den anderen tagsüber, für eine dritte Person vielleicht auch spät abends.

b ist falsch. Dass *Morgenmenschen können Prüfungen besser bewältigen* nicht zutrifft, ergibt sich aus dem obigen Satz bei 9a, dass Lernen individuell ganz unterschiedlich sein kann.

c ist falsch. Dass *Morgenmenschen sind konzentrierter* nicht zutrifft, ergibt sich ebenfalls aus dem obigen Satz bei 9a. Das Verb *sich konzentrieren* taucht zwar im Text auf, es wird aber nicht gesagt, dass ein Morgenmensch konzentrierter wäre.

10 **b** ist richtig: *Ängste lassen sich abbauen, wenn man mit anderen Menschen spricht.*
Die Lösung findet sich am Ende des Textes: *Sprechen Sie über Ihren Prüfungsstress: mit Freunden, Eltern, Kolleg*innen ... Und sprechen Sie über Ihre Ängste. Dadurch lässt sich der Druck vermindern und Sie werden sehen, dass Sie nicht die einzige Person sind, die gestresst ist.*
Der Druck (= die Ängste) *lässt sich vermindern* (= abbauen), wenn man mit anderen redet.

a ist falsch. *Ängste lassen sich abbauen, wenn man außerhalb von zu Hause lernt* wird nicht gesagt. Im Text steht zwar einiges über das Lernen außerhalb von zu Hause, aber in einem anderen Kontext als in der Aussage a. Es kann sinnvoll sein, nicht zu Hause zu lernen. Dann muss man aber darauf achten, sich nicht ablenken zu lassen.

c ist falsch. *Ängste lassen sich abbauen, wenn man regelmäßiges Sporttraining macht* steht nicht im Text. Dort steht nur, dass leichte Sport- und Bewegungsübungen helfen können, ruhiger zu werden. Es ist aber nicht die Rede von *regelmäßigem* Sport und auch nicht von einem *Sporttraining*, sondern von leichten Übungen, die dabei helfen können, Ruhe zu finden.

Leseverstehen Teil 3

Vorgeschlagene Arbeitszeit für Leseverstehen Teil 1 – Teil 3:
50–55 Minuten

Hinweise zu den Lösungsschritten und zu der Lösung ab S. 36.

Lesen Sie zuerst die zehn Situationen (11–20) und dann die zwölf Info-Texte (a–l).
Welcher Infotext passt zu welcher Situation? Sie können jeden Info-Text nur einmal verwenden.

Markieren Sie Ihre Lösungen auf dem Antwortbogen bei den Aufgaben 11–20.
Manchmal gibt es keine Lösung. Markieren Sie dann x.

11 Eine Freundin interessiert sich für ein Studium der Kunstgeschichte.

12 Sie möchten Freunde, die bei Ihnen zu Besuch sind, zu einer Rundfahrt durch Frankfurt einladen.

13 Ihr Bekannter interessiert sich für neue Techniken zur Schmuckherstellung.

14 Sie möchten mit Ihren Freunden das Nachtleben Frankfurts besuchen.

15 Sie suchen noch Karten für eine Veranstaltung zum Jahresende in Frankfurt oder in näherer Umgebung.

16 Sie möchten auf einem Spaziergang Freunden zeigen, wie Frankfurt früher aussah.

17 Ihr Freund sucht für eine private Silvesterparty einen geeigneten Raum.

18 Ihr Nachbar ist DJ und sucht eine Tätigkeit.

19 Ein Kollege erwartet Geschäftsfreunde und möchte ein Essen organisieren.

20 Eine Nachbarin stellt Schmuck her und sucht Kontakte zu Kolleginnen und Kunden.

a

Die neue Altstadt

Die im Zweiten Weltkrieg zerstörte Frankfurter Altstadt ist inzwischen vollständig wieder aufgebaut worden, und zwar exakt im alten Stil. Frankfurter nennen sie deshalb die neue Altstadt. 15 bekannte Fachwerkhäuser wurden wieder gebaut, und zwar nach historischen Plänen, exakt, wie sie früher waren. Nach unserem Spaziergang durch die Altstadt können wir im Historischen Museum, dem Stadtmuseum der Stadt, gemeinsam einen Kaffee trinken. Und danach gibt es die Gelegenheit, das Museum zu besuchen. Auf 6000 m^2 gibt es hier Ausstellungen zur Geschichte und Gegenwart der Stadt.

Infos unter: info@ffm.example.net

b

Musikliebhaber – hier ist etwas für dich

Du bist musikbegeistert? Hast du Erfahrungen im Plattenauflegen? Dann melde dich. Wir haben die besten Auftritte, Hochzeiten, Geburtstagsfeiern, Partys in Clubs u.v.m. Und da wir im ganzen Land Kunden haben, finden wir sicher auch einen Auftritt für dich in deiner Umgebung, damit du nicht durch ganz Deutschland fahren musst. Und du bleibst unabhängig, kannst immer selbst entscheiden, welche Auftritte du haben möchtest. Unsere DJs und DJanes werden pünktlich von uns bezahlt, zu guten Tarifen. Wir freuen uns auf deine Bewerbung unter:
djagentur@events.beispiel.de

c

Frankfurt, wie es früher war

Das Kino im Filmmuseum zeigt an diesem Wochenende Filme über Frankfurt, wie es früher war. Wissen Sie, dass die ältesten Aufnahmen aus dem Jahr 1909 stammen? Es handelt sich um private Aufnahmen aus der Stummfilmzeit. Aus der Weimarer Zeit ist auch noch viel Filmmaterial erhalten. Verbinden Sie Ihren Kinobesuch doch mit der Teilnahme an einer Führung durch das Museum mit seiner aktuellen Ausstellung zur internationalen Filmgeschichte.

Infos bei: www.frankfurt.example.edu

d

Die Nacht zum Tag machen – feiern – Tanz – Musik – DJ-Service

Das Jahr neigt sich dem Ende entgegen und Sie suchen eine Location zum Feiern? Ob es in einer Fabrikhalle ist, einem Raum in einem der vielen Restaurants in der Altstadt – oder Sie mieten etwas außerhalb der Stadt. Oder wie wäre es, auf einem der Dächer der Frankfurter Skyline zu feiern? In der Nacht erscheint die Stadt von oben in einem ganz anderen Licht. Von hier aus das Feuerwerk zu genießen, wird sicher ein unvergessliches Erlebnis. Das Personal der Roof-Top-Bars auf den Hochhäusern ist dann nur für Sie und Ihre Gäste reserviert.

Auf www.events.beispiel.de finden Sie bestimmt etwas. Und für Ihre Musikwünsche stellen wir Ihnen, falls Sie das wünschen, auch einen DJ zur Verfügung.

e

Kunst auf dem Nachtmarkt

Wie im letzten Jahr stellen auch dieses Jahr Künstler und Künstlerinnen aus der Region täglich von 18 Uhr bis Mitternacht ihre Produkte (Mode, Schmuck, Design) vor. Neu sind dieses Jahr Workshops für alle, die versuchen möchten, selbst etwas Kreatives herzustellen. Und es gibt wieder Musik eines bekannten DJs und natürlich auch Kulinarisches aus der Region „Der Nachtmarkt ist deswegen für mich so wichtig, weil man neben dem Verkauf sehr viele Kontakte knüpfen kann", so Sarah Lenz, Designerin aus Offenbach.

f

Frankfurt anders entdecken

Einsteigen bitte in den Ebbelwei-Express. Die Route dieser historischen Straßenbahn führt Sie an zahlreichen Sehenswürdigkeiten der Stadt vorbei. Vom Zoo durch die Altstadt, am alten Rathaus vorbei durch das Bahnhofsviertel zur Messe und dann nach Sachsenhausen. Und die Bahn würde nicht Ebbelwei-Express heißen, gäbe es nicht auch die Gelegenheit, auf der Strecke ein Glas Frankfurter Apfelwein oder auch Apfelsaft zu sich zu nehmen.

Info: info@ffm.example.net

g

Party-Service Frankfurt

Sie suchen einen Rund-um-die-Uhr-Bewirtungsservice? Wir liefern alles von Fingerfood bis zum Sternemenu, auch ein breites Angebot an internationalen Speisen, alles, damit Ihre Gäste und Sie verwöhnt werden. Für Ihre Feiern, ob als Geschäftsessen in Ihrer Firma oder zu privaten Anlässen, liefern wir Speisen und Getränke aus unserem Standard-Angebot mit zwölf Prozent Preisnachlass. Servicepersonal kann ebenfalls von uns gestellt werden.
Für Ihre Silvesterparty: Wichtig – für unseren Service zum Jahresende haben wir nur noch begrenzte Kapazitäten frei. Setzen sie sich schnell mit uns in Verbindung: 069 24445830.

h

DJing – kein Problem

Du warst noch nie als DJ unterwegs und möchtest gerne das Handwerk erlernen? In unseren von Profi-DJs organisierten Workshops geht es sowohl um die geeignete Apparatur und um Mixtechniken und deren richtigen Einsatz als auch um Tipps zur Musikauswahl. Bei deiner Tätigkeit ist Flexibilität gefragt. Wenn du das Publikum mit deiner Musik nicht begeistern kannst, musst du schnell etwas finden, auf das alle tanzen können. Workshops in Präsenz – oder online, bequem für dich von zu Hause.

Ruf uns an! Wir sind zu erreichen unter: 0162 2090503

i

Silvester in der Kulturfabrik – Musik von früher und heute

Silvester feiern in Bensheim? Die schöne Stadt an der Bergstraße, nicht weit von Darmstadt und Frankfurt entfernt, erwartet Sie. Auch in diesem Jahr steigt wieder die große Party am 31. Dezember. Auf drei Stockwerken legen professionelle DJs Musik für jeden Geschmack auf. Von der 60/70er-Oldies-Disco über die Musik der 80er- und 90er-Jahre bis hin zu den aktuellen Scheiben. Tickets bekommen Sie an den bekannten Vorverkaufsstellen der Stadt und natürlich online. Wenn Sie Tickets für das Silvesterbuffet möchten, sollten Sie sich beeilen – hier ist die Zahl der Gäste begrenzt. Übrigens: Im Ticketpreis ist auch der Preis für die Fahrt mit dem öffentlichen Nahverkehr enthalten. Lassen Sie Ihr Auto also zu Hause.

Mehr über uns:
kontakt@kulturfabrik.beispiel.de

k

Plattenflohmarkt Ost

Wie jedes Jahr findet unser Plattenflohmarkt wieder vom 5.–10. Januar, 9–18 Uhr, im Bürgerhaus Ost statt. Aussteller aus ganz Hessen bieten eine große Anzahl von Platten an, auch seltene Exemplare. Musikliebhaber können ihre Platten mitbringen und tauschen. Legen Sie gerne Platten auf? Vielleicht finden Sie hier ein Sammlerstück, das Sie schon seit langer Zeit suchen.
Die Standgebühr beträgt 15 € pro Meter, der Eintritt ist frei.
Parkplätze gibt es in der Tiefgarage.

j

Einführung in die Textilkunst

Wollen Sie aus bunten Stoffen, aus Stoffresten oder nicht getragenen Kleidungsstücken etwas Neues herstellen? Kontakte zu anderen Kunstinteressierten knüpfen? In unserem Workshop fangen wir bei Null an, Sie können auch ohne Nähkenntnisse teilnehmen. Nähmaschinen und Schneidermaterial sind vorhanden. Bringen Sie Ihre Stoffreste mit und lassen Sie sich überraschen. Natürlich bekommen Sie auch Hintergrundinformationen zur Auswahl von Stoffen und Farben.

Info und Anmeldung bei der VHS Frankfurt.

l

Kreatives am PC

Haben Sie schon einmal mit einer neu entwickelten Design-Software gearbeitet? Es klingt komplizierter, als Sie glauben. Wenn Ihr Kunde spezielle Wünsche hat, können Sie verschiedene Gestaltungsmöglichkeiten am Computer vorschlagen. Und es gibt immer zahlreiche Möglichkeiten. In unserem Workshop stellen wir Ihnen verschiedene 3D-Programme für den Entwurf Ihrer Schmuckkreation vor. Vorkenntnisse in der Arbeit mit Windows sind erforderlich, natürlich ist es von Vorteil, wenn Sie bereits Schmuck traditionell hergestellt haben.

Info: www.example.com/creativeware-4u

Leseverstehen Teil 3: Schritte zur Lösung

In diesem Prüfungsteil wird selektives Leseverstehen geprüft. Sie sollen für vorgegebene Situationen den passenden Text suchen und finden.

Empfohlene Zeit für diesen Teil: 20 Minuten.

Was sollen Sie tun?

Zehn Situationsbeschreibungen werden zwölf kurze Informationstexte – Anzeigen, Auszüge aus Kulturprogrammen, Veranstaltungshinweise u. Ä. – gegenübergestellt. Sie sollen den Text finden, der zu der jeweiligen Situationsbeschreibung passt. Da Sie in den Texten nur nach bestimmten Informationen suchen sollen, wie sie in den Situationsbeschreibungen angegeben werden, ist diese Lesetechnik ein schnelles, überfliegendes, suchendes Lesen. Wichtig sind bestimmte Details, die Sie finden müssen. Sie müssen nicht jedes Wort verstehen. Sie haben auch wenig Zeit – Sie sollten nicht länger als 20 Minuten für diesem Prüfungsteil benötigen.

Aufgepasst! Es gibt nicht für jede Situation einen passenden Text. Gibt es keine Lösung, dann müssen Sie ein x auf dem Antwortbogen markieren.

Arbeiten Sie am besten nach den folgenden Schritten.

Schritt 1: Die Situationsbeschreibungen lesen und die wichtigsten Wörter unterstreichen

Lesen Sie die zehn Situationen und unterstreichen Sie die wichtigsten Informationen.
Was wollen die Personen? Was suchen sie?

Versuchen Sie, die dargestellten Situationen thematisch zu ordnen. In unserem Testbeispiel gibt es Situationsbeschreibungen zu den Themen Schmuck/Kunst(geschichte), Ausgehen, Veranstaltungen (Jahresende). Zu diesen Themen müssen Sie in den nächsten Schritten passende Informationen finden.

Schritt 2: Passenden Text zur ersten Situation (Aufgabe 11 im Test) suchen, wichtige Wörter unterstreichen, Situationsbeschreibung und Text miteinander vergleichen und die richtige Lösung notieren

Überfliegen Sie die Texte. Suchen Sie Texte, die ähnliche Wörter enthalten wie die Wörter, die Sie in der Aufgabe 11 unterstrichen haben. Unterstreichen Sie diese Wörter in den Texten. Wenn Sie sofort die richtige Lösung finden, schreiben Sie den passenden Buchstaben a–j neben die Situation 11. Vielleicht können Sie Texte, die zwar ähnliche Wörter enthalten, aber nicht zur Situation 11 passen, jetzt schon anderen Situationsbeschreibungen zuordnen.

Es passt immer nur ein Text. Zu manchen Situationen gibt es keinen passenden Text. Markieren Sie in diesen Fällen als Lösung x.

Schritt 3: Weitere Situationen genauso bearbeiten

Bearbeiten Sie jetzt die anderen Situationen wie die erste Situation. Wenn Sie zu einer Aufgabe nicht sofort die richtige Lösung finden, überlegen Sie nicht lange, sondern gehen Sie zur nächsten Aufgabe. In einem zweiten Durchgang können Sie sich dann auf die Aufgaben konzentrieren, zu denen Sie noch keine Lösungen finden konnten.

Denken Sie nicht zu lange nach, lösen Sie zuerst die einfachen Aufgaben, dann die schwierigeren.

Schritt 4: Situationen ohne passenden Text

Überprüfen Sie noch einmal, ob es zu den Situationen, zu denen Sie keinen Text gefunden haben, wirklich keinen passenden Text gibt.

Kreuzen Sie auf jeden Fall eine Lösung an, auch wenn Sie die Lösung nicht gefunden haben. Für falsche Antworten gibt es keinen Punktabzug.

Die Lösungen können Sie jetzt schon in den Antwortbogen übertragen oder am Ende des Prüfungsteils Leseverstehen.

Bearbeiten Sie jetzt den Modelltest Leseverstehen Teil 3 auf Seite 32–35. und lösen Sie die Aufgaben 11–20 nach diesen Schritten. Wenn Sie Leseverstehen Teil 3 bearbeitet haben, vergleichen Sie Ihre Ergebnisse mit den Lösungen und Erläuterungen auf Seite 38–43.

Leseverstehen Teil 3: Lösung

Hier können Sie Ihre Ergebnisse mit den Lösungen vergleichen. In den Aufgaben haben wir die Schlüsselwörter unterstrichen, die wichtig sind, um den passenden Text zu finden. In den Texten haben wir die Wörter unterstrichen, die zur Lösung der Aufgaben führen.

Zu den Aufgaben gibt es außerdem kurze Erläuterungen.

11 Eine Freundin interessiert sich für ein Studium der Kunstgeschichte.

→ Lösung: x

12 Sie möchten Freunde, die bei Ihnen zu Besuch sind, zu einer Rundfahrt durch Frankfurt einladen.

→ Lösung: f

13 Ihr Bekannter interessiert sich für neue Techniken zur Schmuckherstellung.

→ Lösung: l

14 Sie möchten mit Ihren Freunden das Nachtleben Frankfurts besuchen.

→ Lösung: x

15 Sie suchen noch Karten für eine Veranstaltung zum Jahresende in Frankfurt oder in näherer Umgebung.

→ Lösung: i

16 Sie möchten auf einem Spaziergang Freunden zeigen, wie Frankfurt früher aussah.

→ Lösung: a

17 Ihr Freund sucht für eine private Silvesterparty einen geeigneten Raum.

→ Lösung: d

18 Ihr Nachbar ist DJ und sucht eine Tätigkeit.

→ Lösung: b

19 Ein Kollege erwartet Geschäftsfreunde und möchte ein Essen organisieren.

→ Lösung: g

20 Eine Nachbarin stellt Schmuck her und sucht Kontakte zu Kolleginnen und Kunden.

→ Lösung: e

Für die Situationen 11 und 14 gibt es keine passenden Texte. Die Texte c, h, j, und k passen zu keiner der Situationsbeschreibungen.

a

Die neue Altstadt

Die im Zweiten Weltkrieg zerstörte Frankfurter Altstadt ist inzwischen vollständig wieder aufgebaut worden, und zwar exakt im alten Stil. Frankfurter nennen sie deshalb die neue Altstadt. 15 bekannte Fachwerkhäuser wurden wieder gebaut, und zwar nach historischen Plänen, exakt, wie sie früher waren. Nach unserem Spaziergang durch die Altstadt können wir im Historischen Museum, dem Stadtmuseum der Stadt, gemeinsam einen Kaffee trinken. Und danach gibt es die Gelegenheit, das Museum zu besuchen. Auf 6000 m^2 gibt es hier Ausstellungen zur Geschichte und Gegenwart der Stadt.

Infos unter: info@ffm.example.net

b

Musikliebhaber – hier ist etwas für dich

Du bist musikbegeistert? Hast du Erfahrungen im Plattenauflegen? Dann melde dich. Wir haben die besten Auftritte, Hochzeiten, Geburtstagsfeiern, Partys in Clubs u.v.m. Und da wir im ganzen Land Kunden haben, finden wir sicher auch einen Auftritt für dich in deiner Umgebung, damit du nicht durch ganz Deutschland fahren musst. Und du bleibst unabhängig, kannst immer selbst entscheiden, welche Auftritte du haben möchtest. Unsere DJs und DJanes werden pünktlich von uns bezahlt, zu guten Tarifen. Wir freuen uns auf deine Bewerbung unter:
djagentur@events.beispiel.de

c

Frankfurt, wie es früher war

Das Kino im Filmmuseum zeigt an diesem Wochenende Filme über Frankfurt, wie es früher war. Wissen Sie, dass die ältesten Aufnahmen aus dem Jahr 1909 stammen? Es handelt sich um private Aufnahmen aus der Stummfilmzeit. Aus der Weimarer Zeit ist auch noch viel Filmmaterial erhalten. Verbinden Sie Ihren Kinobesuch doch mit der Teilnahme an einer Führung durch das Museum mit seiner aktuellen Ausstellung zur internationalen Filmgeschichte.

Infos bei: www.frankfurt.example.edu

d

Die Nacht zum Tag machen – feiern – Tanz – Musik – DJ-Service

Das Jahr neigt sich dem Ende entgegen und Sie suchen eine Location zum Feiern? Ob es in einer Fabrikhalle ist, einem Raum in einem der vielen Restaurants in der Altstadt – oder Sie mieten etwas außerhalb der Stadt. Oder wie wäre es, auf einem der Dächer der Frankfurter Skyline zu feiern? In der Nacht erscheint die Stadt von oben in einem ganz anderen Licht. Von hier aus das Feuerwerk zu genießen, wird sicher ein unvergessliches Erlebnis. Das Personal der Roof-Top-Bars auf den Hochhäusern ist dann nur für Sie und Ihre Gäste reserviert.

Auf www.events.beispiel.de finden Sie bestimmt etwas. Und für Ihre Musikwünsche stellen wir Ihnen, falls Sie das wünschen, auch einen DJ zur Verfügung.

e

Kunst auf dem Nachtmarkt

Wie im letzten Jahr stellen auch dieses Jahr Künstler und Künstlerinnen aus der Region täglich von 18 Uhr bis Mitternacht ihre Produkte (Mode, Schmuck, Design) vor. Neu sind dieses Jahr Workshops für alle, die versuchen möchten, selbst etwas Kreatives herzustellen. Und es gibt wieder Musik eines bekannten DJs und natürlich auch Kulinarisches aus der Region „Der Nachtmarkt ist deswegen für mich so wichtig, weil man neben dem Verkauf sehr viele Kontakte knüpfen kann", so Sarah Lenz, Designerin aus Offenbach.

f

Frankfurt anders entdecken

Einsteigen bitte in den Ebbelwei-Express. Die Route dieser historischen Straßenbahn führt Sie an zahlreichen Sehenswürdigkeiten der Stadt vorbei. Vom Zoo durch die Altstadt, am alten Rathaus vorbei durch das Bahnhofsviertel zur Messe und dann nach Sachsenhausen. Und die Bahn würde nicht Ebbelwei-Express heißen, gäbe es nicht auch die Gelegenheit, auf der Strecke ein Glas Frankfurter Apfelwein oder auch Apfelsaft zu sich zu nehmen.

Info: info@ffm.example.net

g

Party-Service Frankfurt

Sie suchen einen Rund-um-die-Uhr-Bewirtungsservice? Wir liefern alles von Fingerfood bis zum Sternemenu, auch ein breites Angebot an internationalen Speisen, alles, damit Ihre Gäste und Sie verwöhnt werden. Für Ihre Feiern, ob als Geschäftsessen in Ihrer Firma oder zu privaten Anlässen, liefern wir Speisen und Getränke aus unserem Standard-Angebot mit zwölf Prozent Preisnachlass. Servicepersonal kann ebenfalls von uns gestellt werden.
Für Ihre Silvesterparty: Wichtig – für unseren Service zum Jahresende haben wir nur noch begrenzte Kapazitäten frei. Setzen sie sich schnell mit uns in Verbindung: 069 24445830.

h

DJing – kein Problem

Du warst noch nie als DJ unterwegs und möchtest gerne das Handwerk erlernen? In unseren von Profi-DJs organisierten Workshops geht es sowohl um die geeignete Apparatur und um Mixtechniken und deren richtigen Einsatz als auch um Tipps zur Musikauswahl. Bei deiner Tätigkeit ist Flexibilität gefragt. Wenn du das Publikum mit deiner Musik nicht begeistern kannst, musst du schnell etwas finden, auf das alle tanzen können. Workshops in Präsenz – oder online, bequem für dich von zu Hause.

Ruf uns an! Wir sind zu erreichen unter: 0162 2090503

i

Silvester in der Kulturfabrik – Musik von früher und heute

Silvester feiern in Bensheim? Die schöne Stadt an der Bergstraße, nicht weit von Darmstadt und Frankfurt entfernt, erwartet Sie. Auch in diesem Jahr steigt wieder die große Party am 31. Dezember. Auf drei Stockwerken legen professionelle DJs Musik für jeden Geschmack auf. Von der 60/70er-Oldies-Disco über die Musik der 80er- und 90er-Jahre bis hin zu den aktuellen Scheiben. Tickets bekommen Sie an den bekannten Vorverkaufsstellen der Stadt und natürlich online. Wenn Sie Tickets für das Silvesterbuffet möchten, sollten Sie sich beeilen – hier ist die Zahl der Gäste begrenzt. Übrigens: Im Ticketpreis ist auch der Preis für die Fahrt mit dem öffentlichen Nahverkehr enthalten. Lassen Sie Ihr Auto also zu Hause.

Mehr über uns:
kontakt@kulturfabrik.beispiel.de

j

Einführung in die Textilkunst

Wollen Sie aus bunten Stoffen, aus Stoffresten oder nicht getragenen Kleidungsstücken etwas Neues herstellen? Kontakte zu anderen Kunstinteressierten knüpfen? In unserem Workshop fangen wir bei Null an, Sie können auch ohne Nähkenntnisse teilnehmen. Nähmaschinen und Schneidermaterial sind vorhanden. Bringen Sie Ihre Stoffreste mit und lassen Sie sich überraschen. Natürlich bekommen Sie auch Hintergrundinformationen zur Auswahl von Stoffen und Farben.

Info und Anmeldung bei der VHS Frankfurt.

k

Plattenflohmarkt Ost

Wie jedes Jahr findet unser Plattenflohmarkt wieder vom 5.–10. Januar, 9–18 Uhr, im Bürgerhaus Ost statt. Aussteller aus ganz Hessen bieten eine große Anzahl von Platten an, auch seltene Exemplare. Musikliebhaber können ihre Platten mitbringen und tauschen. Legen Sie gerne Platten auf? Vielleicht finden Sie hier ein Sammlerstück, das Sie schon seit langer Zeit suchen.
Die Standgebühr beträgt 15 € pro Meter, der Eintritt ist frei.
Parkplätze gibt es in der Tiefgarage.

l

Kreatives am PC

Haben Sie schon einmal mit einer neu entwickelten Design-Software gearbeitet? Es klingt komplizierter, als Sie glauben. Wenn Ihr Kunde spezielle Wünsche hat, können Sie verschiedene Gestaltungsmöglichkeiten am Computer vorschlagen. Und es gibt immer zahlreiche Möglichkeiten. In unserem Workshop stellen wir Ihnen verschiedene 3D-Programme für den Entwurf Ihrer Schmuckkreation vor. Vorkenntnisse in der Arbeit mit Windows sind erforderlich, natürlich ist es von Vorteil, wenn Sie bereits Schmuck traditionell hergestellt haben.

Info: www.example.com/creativeware-4u

Erläuterungen

11 *Eine Freundin interessiert sich für ein Studium der Kunstgeschichte.*
Hier gibt es keinen passenden Text.

In **Text a** wird zwar angeboten, das Historische Museum zu besuchen und sicher kann man dort etwas über die Geschichte Frankfurts sehen. Für ein Studium der Kunstgeschichte müsste es aber einen Hinweis geben, wo man diese Disziplin lernen kann (Universität, Hochschule).

Text c ist falsch: Hier erfährt man etwas über die Geschichte Frankfurts im Film. Das passt jedoch nicht zum Thema *Kunstgeschichte*. Die Überschrift der Anzeige c *Wie es früher war* könnte hier in die Irre führen.

Text e ist falsch. Hier taucht zwar der Begriff *Kunst* auf, hier geht es aber auch nicht um Kunstgeschichte.

Als Lösung für Aufgabe 11 tragen Sie also ein x ein.

12 *Sie möchten Freunde, die bei Ihnen zu Besuch sind, zu einer Rundfahrt durch Frankfurt einladen.*

Text f ist richtig. Unter der Überschrift *Frankfurt anders entdecken* wird eine Fahrt mit einer historischen Straßenbahn, die durch mehrere Stadtteile Frankfurts führt, empfohlen (= *Rundfahrt*).

Text a passt nicht. Hier kann man zwar auch Frankfurt kennenlernen, aber nur einen kleinen Teil der Stadt, nämlich die neue Altstadt. Außerdem wird hier ein Spaziergang angeboten, keine Rundfahrt.

13 *Ihr Bekannter interessiert sich für neue Techniken zur Schmuckherstellung.*

Text l ist richtig. *Haben Sie schon einmal mit einer neu entwickelten Design-Software gearbeitet? ... In unserem Workshop stellen wir Ihnen verschiedene 3D-Programme für den Entwurf Ihrer Schmuckkreation vor* (= neue Techniken zur Schmuckherstellung).

Text e ist falsch. Auf dem Kunstmarkt kann man selbst lernen, Schmuck herzustellen – es geht aber nicht um neue Techniken.

Text j ist falsch. Hier lernt man auch etwas herzustellen – es geht aber um Textilkunst und auch nicht um neue Techniken zur Schmuckherstellung.

14 *Sie möchten mit Ihren Freunden das Nachtleben Frankfurts besuchen.*
Hier gibt es keinen passenden Text.

Text d ist falsch. Die Überschrift *Die Nacht zum Tag machen – feiern – Tanz – Musik – DJ*-Service kann hier in die Irre führen. Text d gibt lediglich Hinweise darauf, wo man in der Silvesternacht etwas mieten kann und dass man sich in der Silvesternacht von den Dächern der Stadt das Feuerwerk anschauen kann. Es geht aber nicht darum, das Nachtleben Frankfurts zu besuchen.

Text e ist falsch. Es geht hier um eine Kunstausstellung in der Nacht, aber nicht um einen Rundgang durch das Frankfurter Nachtleben.

Als Lösung für Aufgabe 14 tragen Sie also ein x ein.

15 *Sie suchen noch Karten für eine Veranstaltung zum Jahresende in Frankfurt oder in näherer Umgebung.*

Text i ist richtig. Die Anzeige ist ein Ausgehtipp für Silvester (= *Veranstaltungstipp zum Jahresende*). Die Veranstaltung findet zwar nicht in Frankfurt statt, sondern in Bensheim, aber über Bensheim wird gesagt, dass dieser Ort *nicht weit von Frankfurt entfernt* ist *(= in näherer Umgebung)*.

Text d ist falsch. Auch hier geht es um einen Tipp für Silvester. Aber nicht um Karten für eine Party, sondern es handelt es sich um ein Angebot, Räume zum Feiern zu finden.

Text g ist falsch. Dort findet sich zwar auch ein Tipp für eine Silvesterparty. Hier geht es aber nicht um den Tipp für eine Veranstaltung, sondern um einen Cateringservice.

16 *Sie möchten auf einem Spaziergang Freunden zeigen, wie Frankfurt früher aussah.*

Text a ist richtig. *Die im Zweiten Weltkrieg zerstörte Frankfurter Altstadt ist inzwischen vollständig wieder aufgebaut worden, und zwar exakt im alten Stil ... Nach unserem Spaziergang durch die Altstadt ...*

Text c ist falsch. Die Überschrift heißt zwar *Frankfurt, wie es früher war*, aber es geht um Frankfurt im Film. Man kann also historische Filme über die Stadt sehen. Sie möchten aber auf einem Spaziergang das Frankfurt von früher zeigen.

Text f ist falsch. Die Überschrift heißt zwar *Frankfurt anders entdecken*, nur ist das ein Infotext für eine Straßenbahnfahrt durch die Stadt, also kein Spaziergang. Zudem ist der Schwerpunkt dieser Rundfahrt nicht das alte Frankfurt. Text f passt zu Aufgabe 12.

17 *Ihr Freund sucht für eine private Silvesterparty einen geeigneten Raum.*

Text d ist richtig. Text d spricht von *Das Jahr neigt sich dem Ende entgegen und Sie suchen eine Location zum Feiern?* und gibt hier Tipps.

18 *Ihr Nachbar ist DJ und sucht eine Tätigkeit.*

Text b ist richtig. Eine DJ-Agentur richtet sich an Personen, die schon Erfahrungen als DJ haben: *Du bist musikbegeistert? Hast du Erfahrungen im Plattenauflegen? ... Wir freuen uns auf deine Bewerbung.*

Text h ist falsch. Sie richtet sich an Personen, die das DJ-Handwerk erst lernen wollen.

Text k ist falsch. Hier geht es zwar auch um Platten, es taucht auch das Wort *Platten auflegen* auf, nur ist der Kontext ein anderer als in Aufgabe 18.

19 *Ein Kollege erwartet Geschäftsfreunde und möchte ein Essen organisieren.*

Text g ist richtig. Es ist die Werbung eines Party-Services.

20 *Eine Nachbarin stellt Schmuck her und sucht Kontakte zu Kolleginnen und Kunden.*

Text e ist richtig. Auf dem Nachtmarkt kann man *neben dem Verkauf sehr viele Kontakte knüpfen.*

Text j ist falsch. In dem dort angebotenen Workshop kann man zwar auch Kontakte knüpfen, aber nicht zu Kolleginnen und Kunden. *Hier kann man Kontakte zu anderen Kunstinteressierten knüpfen*. Außerdem geht es in dieser Anzeige nicht um Schmuck, sondern um Textilkunst.

Sprachbausteine

Übersicht

Der Prüfungsteil Sprachbausteine prüft gezielt Ihre Kenntnisse in Grammatik und Lexik (Wortschatz). Er besteht aus zwei Teilen.

	Textsorte	Aufgabentyp	Punkte	Zeit
Teil 1	• E-Mail (informell oder halbformell)	• Aufgaben 21–30 mit Schwerpunkt auf Grammatik; • E-Mail mit zehn Lücken, zu jeder Lücke gibt es drei Lösungen *(Was ist richtig: a, b oder c?).*	10 x 1,5 = 15	15 Min.
Teil 2	• Zeitungs- oder Zeitschriftenartikel, Artikel aus dem Internet	• Aufgaben 31–40 mit Schwerpunkt auf Lexik; • Text mit zehn Lücken, zu jeder Lücke gibt es 15 Auswahlmöglichkeiten.	10 x 1,5 = 15	15 Min.

Zeit

In der Prüfung erhalten Sie den Prüfungsteil Sprachbausteine zusammen mit dem Prüfungsteil Leseverstehen (→ ab Seite 12). Für den gesamten Prüfungsteil (Leseverstehen und Sprachbausteine) haben Sie **90 Minuten Zeit**, die Sie sich frei einteilen können. Planen Sie für die Sprachbausteine ca. 30 Minuten ein, für jeden Teil 15 Minuten.

Während der 90 Minuten müssen Sie auch noch die Lösungen aus den Prüfungsteilen Leseverstehen und Sprachbausteine auf dem Antwortbogen markieren. Dafür brauchen Sie einige Minuten!

Punkte

Sie können im Prüfungsteil Sprachbausteine **30 Punkte** erreichen. Das Ergebnis des Prüfungsteils Sprachbausteine geht mit 10 % in die Gesamtbewertung der Prüfung ein.
! Gesamtpunktezahl telc B2: **300 Punkte**; Prüfungsteil Sprachbausteine 30 Punkte = 10 %.

Prüfungsmaterial

Die **Aufgabenblätter** zum Prüfungsteil Sprachbausteine bekommen Sie zusammen mit den Aufgabenblättern zum Teil Leseverstehen. Die Lösungen zum Prüfungsteil Sprachbausteine tragen Sie auf demselben Antwortbogen, auf dem Sie auch die Lösungen zum Leseverstehen markiert haben, ein (Item 21–40).

In der Prüfung dürfen Sie keine Hilfsmittel wie Wörterbücher, Mobiltelefone usw. benutzen.

Hinweise

In der Prüfung

- Wir empfehlen, den Prüfungsteil Sprachbausteine in 30 Minuten zu lösen.
- Die Reihenfolge, in der Sie die beiden Teile bearbeiten sollen, ist nicht festgelegt. Sie können mit jeder Aufgabe beginnen. Achten Sie aber unbedingt auf die Zeit.
- Wenn Sie ein Wort nicht verstehen, werden Sie nicht nervös und denken Sie nicht lange nach. Lesen Sie einfach weiter, oft erklärt sich die Bedeutung aus dem Kontext, d. h. aus den Textstellen davor oder danach. Vielleicht ist das Wort auch für die Aufgaben nicht wichtig.
- Wenn Sie bei einer Aufgabe nicht gleich die Lösung finden, machen Sie sofort mit der nächsten Aufgabe weiter. Sehen Sie sich am Ende die Aufgabe, mit der Sie Schwierigkeiten hatten, noch einmal an. Vielleicht finden Sie dann die fehlende Lösung, weil Sie den Text jetzt besser kennen.
- Markieren Sie Ihre Lösungen entweder sofort im Antwortbogen oder übertragen Sie sie erst zum Schluss. Planen Sie Zeit für das Übertragen ein. Markieren Sie auf jeden Fall eine Lösung, auch wenn Sie raten müssen. Für falsche Antworten gibt es keinen Punktabzug.
- Verwenden Sie einen weichen Bleistift zur Eintragung Ihrer Lösungen auf den Antwortbogen. Verwenden Sie keinen Kugelschreiber.

Vorbereitung auf die Prüfung

Wenn Sie sich auf die Prüfung vorbereiten, sollten Sie:
- beim Lösen des Modelltests kein Wörterbuch, Mobiltelefon oder andere Hilfsmittel benutzen,
- immer die vorgegebenen Zeiten einhalten und mit einer Uhr üben,
- das schnelle Übertragen der Lösungen auf den Antwortbogen üben,
- das schnelle Lesen der Texte üben und nach den Lösungsschritten arbeiten.

Das Training im Buch

1. Lesen Sie die Lösungsschritte zu Teil 1 und 2 durch (→ Seite 48).
2. Bearbeiten Sie dann den Test (→ Seite 46/47) nach den Lösungsschritten.
3. Vergleichen Sie Ihre Ergebnisse mit den Lösungen (→ Seite 49–50). Wo haben Sie Fehler gemacht? Die Erläuterungen zu den Lösungen sollen Ihnen helfen.

Sprachbausteine Teil 1

Vorgeschlagene Arbeitszeit für Sprachbausteine Teil 1 und Teil 2: 30 Minuten

Hinweise zu den Lösungsschritten und zu der Lösung ab S. 48.

Lesen Sie den folgenden Text und entscheiden Sie, welches Wort (a, b oder c) in die jeweilige Lücke passt.
Markieren Sie Ihre Lösungen auf dem Antwortbogen bei den Aufgaben 21–30.

Von: Sarah Felsberger
An: Marleen Jibben
Datum: 27.1.2024

Liebe Marleen,

entschuldige, dass ich mich jetzt erst melde, aber wie du dir vorstellen kannst, hatte ich viel zu erledigen. __21__ mit meinem Auslandssemester hier in Frankreich anfangen zu können, brauchte ich erst einmal ein Dach über dem Kopf. Es gibt hier zwar sehr viele Studierendenwohnheime, __22__ alles war ausgebucht, keine Chance. Und über das Internet etwas zu finden, ist unbezahlbar. Ich hätte einfach viel früher mit dem Suchen __23__. Schließlich fand ich etwas über einen Aushang an der Uni: ein Zimmer in einer Dreier-WG, das ich __24__ gerade noch leisten kann. Und da sitze ich jetzt, auf einem kleinen Balkon, direkt in der Altstadt. __25__ ich mich jetzt vorbereite, sind meine Seminare, die aber erst in zwei Wochen beginnen.
Im Moment aktiviere ich erst einmal meine Sprachenkenntnisse. __26__ Anfang habe ich gedacht, dass ich überhaupt kein Französisch mehr kann. Aber meine Mitbewohner*innen Léo und Zoë sprechen extra langsam mit mir und mit __27__ Hilfe werde ich immer besser Französisch verstehen. Was mir fehlt, ist in erster Linie die Praxis. __28__ ich in den Seminaren größere Probleme mit dem Französischen habe, kann ich immer noch einen Sprachkurs besuchen.
Was ich bisher von der Stadt gesehen habe: Lyon ist lebendig und attraktiv, es gibt eine tolle Altstadt, viele __29__ Cafés und Restaurants und ein Spaziergang am Ufer der Rhône ist wunderschön. Es gibt gleich Essen, Léo kocht.
Ich __30__ mich bald wieder. Lass auch du etwas von dir hören ...

Liebe Grüße, Sarah

21 **a** Damit **b** Für **c** Um

22 **a** aber **b** dennoch **c** obwohl

23 **a** anfangen sollen **b** angefangen **c** sollen anfangen

24 **a** mich **b** mir **c** sich

25 **a** Woran **b** Worauf **c** Wozu

26 **a** Am **b** Im **c** Um

27 **a** deren **b** dessen **c** ihren

28 **a** Da **b** Falls **c** Wann

29 **a** nette **b** netten **c** nettes

30 **a** melde **b** mitteile **c** schreibe

Sprachbausteine Teil 2

Vorgeschlagene Arbeitszeit für Sprachbausteine Teil 1 und Teil 2: 30 Minuten

Hinweise zu den Lösungsschritten und zu der Lösung ab S. 48.

Lesen Sie den folgenden Text und entscheiden Sie, welches Wort aus dem Kasten (a–o) in die Lücken 31–40 passt. Sie können jedes Wort im Kasten nur einmal verwenden. Nicht alle Wörter passen in den Text. Markieren Sie Ihre Lösungen auf dem Antwortbogen bei den Aufgaben 31–40.

Die deutsche Sprache in der Welt

Wie es in Zukunft mit der Verbreitung des Deutschen weltweit weitergehen wird, lässt sich nur schwer voraussagen. ___31___ der Globalisierung wurde Englisch zur internationalen Sprache, was große Vorteile hat, weil wir uns in Ländern, deren Sprache wir nicht ___32___, in wichtigen Alltagssituationen mit Grundkenntnissen im Englischen verständigen können. Ohne Englisch wäre es schwierig, internationale Konferenzen und Geschäftsverhandlungen zwischen international tätigen Unternehmen abzuhalten. Englisch hat sich zur Sprache internationaler Kommunikation entwickelt.

Der Siegeszug des Englischen ist ___33___ nicht Neues. Spätestens seit dem Aufkommen des Internets haben sich englische Begriffe im Deutschen eingebürgert, ___34___ zählen zum Beispiel: Computer, Download, USB-Stick, E-Mail, Mailbox, Apps, online, chatten. Sprache ist aber mehr als eine Ansammlung von Wörtern – wenn man eine fremde Sprache lernt, öffnet sich auch die Tür zu einer anderen Kultur. Ein internationaler Austausch kann allerdings nur ___35___, wenn man die Kultur und Denkweise des anderen kennenlernt. Hierbei helfen Kenntnisse der anderen Sprache.
Wird die deutsche Sprache den Vormarsch des Englischen überleben? Spielt das Erlernen anderer Sprachen und in unserem Fall Deutsch überhaupt noch eine ___36___? Auf jeden Fall. Mit ca. 100 Millionen Muttersprachlern ist Deutsch die meistgesprochene Sprache in Europa. Und das Interesse, Deutsch zu lernen, ist weltweit sehr groß. Augenblicklich lernen ___37___ einer Studie des Auswärtigen Amts über 15 Millionen Menschen Deutsch als Fremdsprache. ___38___ Deutsch als Wissenschaftssprache überleben wird, ist eine andere Frage. Immer mehr Studiengänge werden heute an deutschen Hochschulen komplett auf Englisch abgehalten, Publikationen werden auf Englisch verfasst, was für die internationale wissenschaftliche Zusammenarbeit natürlich sinnvoll ist. Verschiedene Forschungsinstitute setzen sich allerdings ___39___ ein, dass im Wissenschaftsbetrieb die Mehrsprachigkeit gefördert werden muss. Denn Nicht-Muttersprachler*innen sind nur selten ausreichend dafür ___40___, wissenschaftliche Zusammenhänge in eine andere Sprache so exakt zu übertragen, dass wesentliche Inhalte nicht verloren gehen. Und englischsprechende Akademiker*innen aus dem Ausland werden sich ohne Deutschkenntnisse hier nur schlecht integrieren können.

a AUFGRUND	**e** DAFÜR	**i** HIERZU	**m** ROLLE
b BEDEUTUNG	**f** DAMIT	**j** LAUT	**n** TROTZDEM
c BEHERRSCHEN	**g** ERREICHEN	**k** OB	**o** ÜBRIGENS
d BEWUSST	**h** GELINGEN	**l** QUALIFIZIERT	

Sprachbausteine Teil 1 und 2: Schritte zur Lösung

Was sollen Sie tun?

Teil 1: Sie bekommen einen Text (halbformelle oder informelle E-Mail), in dem zehn Wörter fehlen. Zu jedem fehlenden Wort gibt es drei Lösungen zur Auswahl. Sie sollen die richtige Lösung herausfinden. Jeweils nur eine Lösung ist richtig.
Dieser Teil testet Ihre Kenntnisse der deutschen Grammatik (Deklinationen, Verbformen, Adjektive, Präpositionen, Konnektoren, Pronominaladverbien, Partikeln usw.).

Teil 2: Sie bekommen einen Text (Zeitungs- oder Zeitschriftenartikel von allgemeinem Interesse), in dem zehn Wörter fehlen. Sie sollen diese Wörter ergänzen, indem Sie aus 15 vorgegebenen Wörtern für jede Lücke das richtige Wort auswählen, d. h. fünf der angebotenen Wörter passen in keine Lücke.
In diesem Teil wird getestet, wie gut Ihre Kenntnisse in Lexik im Deutschen ist. Dabei geht es nicht nur um einzelne Wörter, sondern es werden auch Textverknüpfungen, z. B. Konnektoren, Verben mit Präpositionen, Partikeln getestet. Hierbei geht es aber um die Bedeutung der Wörter im jeweiligen Kontext und nicht um die grammatischen Formen. Um die passende Lösung für eine Lücke zu finden, ist es hilfreich, immer auch den Satz / die Sätze vor der Lücke sehr genau zu lesen. Es ist gut möglich, dass sich ein Wort oder Ausdruck auf etwas bezieht, was vorher bereits gesagt wurde.

Arbeiten Sie am besten nach den folgenden Schritten.

Schritt 1: Beim ersten Lesen die einfachen Aufgaben lösen

Überfliegen Sie zuerst den Text, damit Sie wissen, worum es geht. Der Kontext ist wichtig!
Lösen Sie zuerst die leichten Aufgaben. Wenn Sie etwas nicht sofort wissen, denken Sie nicht zu lange nach und machen Sie die nächste Aufgabe.

Schritt 2: Beim zweiten Lesen die restlichen Aufgaben lösen

Lesen Sie den Text zum zweiten Mal und versuchen Sie, die Aufgaben zu lösen, bei denen Sie sich nicht sicher waren.
Verlassen Sie sich auf Ihr Sprachgefühl.
Markieren Sie die Lösungen, bei denen Sie nicht sicher sind, damit Sie diese später gleich finden und noch einmal überprüfen können.

Auch wenn Sie sehr unsicher sind, kreuzen Sie auf jeden Fall etwas an. Vielleicht treffen Sie ja gerade die richtige Lösung!

Schritt 3: Kontrolle

Lesen Sie den Text noch einmal und überprüfen Sie Ihre Lösungen.
Wenn Sie dann noch Zeit haben, sehen Sie sich die schwierigen Aufgaben noch einmal an.

Bearbeiten Sie jetzt den Modelltest Sprachbausteine Teil 1 und 2 auf den Seiten 46–47 und lösen Sie die Aufgaben 21–40 nach diesen Schritten. Wenn Sie den Test bearbeitet haben, vergleichen Sie Ihre Ergebnisse mit den Lösungen und Erläuterungen auf Seite 49–50.

Sprachbausteine Teil 1: Lösungen und Erläuterungen

Lösungen: 21 c, 22 a, 23 a, 24 b, 25 b, 26 a, 27 a, 28 b, 29 a, 30 a

21 **c** ist richtig. *um* leitet einen Nebensatz, einen Finalsatz ein, der ein Ziel benennt. Konnektoren für Finalsätze sind *um … zu* oder *damit*. Im Finalsatz steht kein Subjekt. Außerdem gibt es einen Infinitiv mit *zu* (anfangen zu können). Hier passt *um … zu*.
a ist falsch. Der Satz mit a müsste lauten: *Damit ich mit … anfangen kann, …*
b ist falsch. *für* ist eine Präposition. Sie leitet keinen Nebensatz ein.

22 **a** ist richtig, *aber* passt. Dieser Konnektor a) verbindet Hauptsätze und b) steht vor dem Hauptsatz auf Position 0. *Aber alles war* (= Verb auf Position 2) ausgebucht. Man findet die richtige Lösung auch durch das Wort *zwar* im vorhergehenden Satz. *Zwar … aber* ist ein zweiteiliger Konnektor.
b passt nicht. *dennoch* steht im Hauptsatz auf Position 1. Der Satz müsste mit *dennoch* lauten: *… dennoch war alles ausgebucht*
c passt nicht. *obwohl* leitet einen Nebensatz ein, mit *obwohl* müsste die Satzstruktur lauten: *Obwohl es hier sehr viele Studierendenwohnheime gibt, war alles ausgebucht.*

23 **a** ist richtig. Modalverb + Konjunktiv II der Vergangenheit mit *haben* und doppeltem Infinitiv am Satzende.
b ist falsch. Hier fehlt ein Modalverb.
c ist falsch. Falsche Satzstellung. Das Modalverb muss am Satzende stehen.

24 **b** ist richtig. Reflexivpronomen im Dativ: *sich leisten* hat eine Akkusativergänzung (*etwas*). → Das Reflexivpronomen steht dann im Dativ, und zwar in der 1. Person: *mir*.
a ist falsch. *mich* = Reflexivpronomen im Akkusativ
c ist falsch. *sich* = 3. Person

25 **b** ist richtig. Präposition: *sich vorbereiten auf*. Fragewort für Nicht-Personen: *worauf*.
a und **c** ist falsch. Die Präpositionen passen nicht.

26 **a** ist richtig. Die Präposition *am* steht bei Tagen, Datum, Anfang und Ende.
b und **c** sind falsch. Die Präpositionen passen nicht.

27 **a** ist richtig: *mit der Hilfe von Léo und Zoë* (Pl.), *deren* = Relativpronomen Genitiv Plural
b ist falsch. Relativpronomen Genitiv Singular
c ist falsch. *Ihrer* als Possessivpronomen wäre möglich.

28 **b** ist richtig. *falls* (→ wenn).
a ist falsch, und zwar vom Kontext. Wenn *da* passen würde, müssten die Seminare schon angefangen haben (*da* → weil), sie fangen aber erst in zwei Wochen an.
c ist falsch. *wann* = Fragewort, leicht verwechselbar mit *wenn*, das gepasst hätte.

29 **a** ist richtig. Adjektivdeklination: *viele nette Cafés*.
b ist falsch. Wäre b richtig, müsste der bestimmte Artikel stehen: *die vielen netten Cafés*
c ist falsch. *nettes* = Adjektiv (n.) nach unbestimmtem Artikel im Singular: *ein nettes Café*.

30 **a** ist richtig. *sich melden* (*sich* – reflexives Verb).
b ist falsch. Der Satz mit b müsste lauten: *Ich teile dir mit, …* und müsste mit einer zusätzlichen Information weitergehen. Zudem müsste *mitteilen* getrennt werden (*teile … mit*).
c ist falsch. Ohne *mich* würde c passen: *Ich schreibe bald wieder*.

Sprachbausteine Teil 2: Lösungen und Erläuterungen

Lösungen: 31 a, 32 c, 33 o, 34 i, 35 h, 36 m, 37 j, 38 k, 39 e, 40 l

31 **a** ist richtig. *aufgrund* gibt Folge bzw. Ursache an. *Aufgrund der Globalisierung ...*
j ist falsch. *laut* gibt wieder, was an anderer Stelle gesagt wurde.

32 **c** ist richtig: eine Sprache *beherrschen*
g *erreichen* und **h** *gelingen* passen sinngemäß nicht. Man möchte erreichen, eine Sprache zu beherrschen, man möchte, dass es gelingt, eine Sprache zu beherrschen.

33 **o** ist richtig. *übrigens* in der Bedeutung von *nebenbei bemerkt*.
n *trotzdem* könnte von der Wortart passen, passt aber inhaltlich nicht. Der Kontext ist entscheidend. Hierzu muss man den Satz vor und hinter der Lücke lesen. Der Text beschreibt die große Bedeutung des Englischen und gibt hinter der Lücke 33 an, dass es schon längere Zeit viele englischen Wörter im Deutschen gibt. *Trotzdem* würde einen Widerspruch ausdrücken. Dass der Siegeszug des Englischen nichts Neues ist, steht nicht im Widerspruch zu dem Satz vorher.

34 **i** ist richtig. *zählen* hat die Präposition zu,
e und f sind ist falsch (falsche Präposition).

35 **h** ist richtig.
g *erreichen* passt sprachlich nicht. Der Satz müsste dann lauten: *Einen internationalen Austausch kann man allerdings nur erreichen, wenn ...*

36 **m** ist richtig. *eine Rolle spielen* ist eine feste Nomen-Verb-Verbindung.
b ist falsch. *von Bedeutung sein* würde passen. Der Satz müsste mit b lauten: *Ist das Erlernen anderer Sprachen .... überhaupt noch von Bedeutung?*

37 **j** ist richtig. *laut* gibt wieder, was an anderer Stelle gesagt wurde.
a ist falsch. *aufgrund* gibt Folge bzw. Ursache an, s. Erläuterungen zu Item 31.

38 **k** ist richtig, indirekte Frage.
f *damit* könnte vom Satzbau passen, dann müsste der Satz inhaltlich allerdings anders weitergehen: *Damit Deutsch als Wissenschaftssprache überleben wird, muss/müssen ...*

39 **e** ist richtig. *sich einsetzen* hat die Präposition *für*.
f und **i** sind falsch (falsche Präposition).

40 **l** ist richtig: für etwas *qualifiziert* sein.
d *bewusst passt* inhaltlich und sprachlich nicht. Der Satz müsste dann lauten *Nicht-Muttersprachler*innen sind sich nur selten ausreichend bewusst, dass ...* und inhaltlich anders weitergehen.

Übungen

Die Lösungen zu diesen Übungen finden Sie auf S. 159.

Konnektoren, Präpositionen, Adverbien

1 Was passt? Ergänzen Sie: *trotzdem – obwohl – trotz*

____________ es morgen den ganzen Tag regnen soll, haben wir jetzt doch beschlossen, unsere Radtour zu machen. Juan und Laura waren zuerst nicht damit einverstanden, dass wir ____________ des ungünstigen Wetterberichts auf Reisen gehen wollen. ____________ stimmten alle schließlich dem Argument von Axel zu, dass wir ja sehr gute Regenkleidung haben und es deshalb versuchen sollten.

2 Was passt? Ergänzen Sie: *nach – nachdem – danach*

____________ ich meine Telefongespräche beendet hatte, musste ich noch einige E-Mails schreiben. ____________ hatte ich einen Termin. ____________ diesem Termin bin ich nach Hause gegangen.

3 Was passt? Ergänzen Sie: *vorher – vor – bevor*

____________ wir morgen Abend zusammen kochen können, muss ich noch einiges erledigen. So muss ich ____________ noch unbedingt zum Baumarkt. ____________ unserem Essen sollten wir auch noch mal überlegen, ob wir alles haben oder noch Lebensmittel einkaufen müssen. Schreib mir mal schnell ...

4 Welche Wörter passen? Kreuzen Sie an.

Sehr geehrter Herr Kochmann,

__1__ ich Sie telefonisch nicht erreichen kann, schreibe ich Ihnen eine kurze Mail. Ich habe Ihre telefonische Nachricht erhalten, __2__ Sie unseren Termin verschieben müssen. __3__ Sie möchten, können wir auch am Wochenende etwas ausmachen. Es wäre wichtig, dass wir uns bald treffen, __4__ wir müssen Verschiedenes besprechen. __5__ uns in Ihrem Büro zu treffen, könnten wir auch alles bei einem Abendessen klären.

Mit freundlichen Grüßen
Hans Bauer

1	2	3	4	5
a da	**a** damit	**a** Falls	**a** damit	**a** Anstatt
b denn	**b** dass	**b** Weil	**b** denn	**b** Um
c trotzdem	**c** wenn	**c** Ob	**c** weil	**c** Wenn

5 Temporale Konnektoren. Welche Wörter passen? Kreuzen Sie an.

Liebe Jasna,

ich will dir mal von meinem Vorstellungsgespräch letzte Woche berichten. __1__ ich das Vorstellungsgespräch hatte, war ich natürlich sehr aufgeregt.
__2__ das Gespräch dann stattfand, wurde ich erst einmal ruhiger. Ich hatte mich ja auf alle möglichen Fragen vorbereitet. __3__ ich dann die ersten Sätze mit dem Personalchef wechselte, merkte ich jedoch, dass ich immer noch sehr nervös war. __4__ erzählte ich von meiner Schulausausbildung und __5__ von meinem beruflichen Werdegang. __6__ der Personalchef mich dann nach meiner Berufserfahrung fragte, wurde ich immer sicherer. Meine Körperhaltung wurde entspannter und __7__ ich noch einige Ideen für meine zukünftige Tätigkeit vorgestellt hatte, bekam ich das Gefühl, dass das Gespräch sehr gut verlaufen war.

Liebe Grüße,
Marlon

1 **a** Bevor **b** Vorher **c** Seit

2 **a** Nachdem **b** Als **c** Sobald

3 **a** Während **b** Seit **c** Nachdem

4 **a** Nachdem **b** Zuerst **c** Sobald

5 **a** danach **b** nachdem **c** seitdem

6 **a** Als **b** Solange **c** Danach

7 **a** bevor **b** vorher **c** nachdem

6 Eine Beschwerde. Welche Präposition passt? Kreuzen Sie an.

Sehr geehrte Damen und Herren,

__1__ Ihrer fehlerhaften Lieferung vom 1.8. müssen wir uns noch einmal schriftlich an Sie wenden. __2__ sofortiger telefonischer Reklamation unsererseits haben wir bis zum heutigen Tag noch keine korrigierte Lieferung erhalten. Wir bitten Sie hiermit noch einmal um Korrektur __3__ der nächsten sieben Tage. Bitte informieren sie uns unverzüglich telefonisch, dass Sie dieses Schreiben erhalten haben, auch gerne __4__ unserer Geschäftszeiten, also auch spät abends oder am Wochenende, unter meiner privaten Mobilnummer 0162 2082682.

Mit freundlichen Grüßen
Mirko Grube

1 **a** trotz **b** bezüglich **c** während

2 **a** Anlässlich **b** Aufgrund **c** Trotz

3 **a** hinsichtlich **b** innerhalb **c** wegen

4 **a** außerhalb **b** während **c** infolge

7 **Verben mit Präpositionen. Ergänzen Sie die Präpositionen oder Pronominaladverbien.**

an – auf – danach – daran – darauf – darüber – über – über – um

Außendienstmitarbeiter Paul Klug ist viel unterwegs. Auch wenn ihm seine Tätigkeit viel Spaß macht, kann er sich nicht ____________ gewöhnen, dass er kaum Zeit für seine Familie hat. Auch seine Frau ärgert sich ____________ seine Arbeitszeiten, sie kann sich nie ____________ verlassen, dass er pünktlich zu Hause ist. Sie fände es schön, wenn er sich mehr ____________ den Garten kümmern könnte. Gerne denkt sie ____________ die Zeit, als ihr Mann noch im Büro arbeitete. Kürzlich haben beide ____________ die Situation nachgedacht und ____________, wie man sie ändern könnte. Schließlich erkundigte sich Paul bei seinem Chef ____________, ob er sich in den Innendienst versetzen lassen könnte. Nächste Woche haben beide ein weiteres Gespräch. Paul hat ein gutes Gefühl und freut sich schon ____________ das Ergebnis.

8 **Modalpartikeln. Was passt am besten? Ergänzen Sie.**

a halt – ja – schon

- Schau mal! Das Angebot an Gemüse hier ist ____________ wirklich toll!
- Das stimmt ____________. Es ist aber auch sehr teuer.
- Stimmt, aber Qualität hat ____________ ihren Preis.

b denn – halt – wohl

- Morgen wird es ____________ regnen.
- Ja, habe ich auch gehört. Fährst du ____________ morgen auch mit dem Rad?
- Nein, ich nehme dann ____________ den Bus. Das geht auch.

c ja – schon – ruhig

- Ist dieser Platz reserviert?
- Ich glaube ____________. Aber setzen Sie sich ____________, es gibt hier ____________ genug freie Plätze.

d denn – nur – doch – halt – eigentlich

- Komm ____________ morgen vorbei. Wir könnten einen Film schauen.
- ____________ hätte ich schon Lust. Ich habe ____________ gar keine Zeit.
- Warum? Was musst du ____________ machen?
- Ach, wir schreiben morgen einen Test – da muss ich ____________ noch lernen.

Hörverstehen

Übersicht

Der Prüfungsteil Hörverstehen besteht aus drei Teilen.

	Textsorte	Aufgabentyp	Punkte
Teil 1	• sechs kurze Radionachrichten zu aktuellen Ereignissen	• Globalverstehen – Hauptinformationen verstehen: sechs Texte einmal hören; • Aufgaben 41–45: fünf Aussagen *(Richtig (+) oder falsch (–)?)*	5 x 5 = 25
Teil 2	• ein längeres Radiointerview zu einem Thema des täglichen Lebens	• Detailverstehen: ein Text, einmal hören; • Aufgaben 46–55: fünf Aussagen *(Richtig (+) oder falsch (–)?)*	10 x 2,5 = 25
Teil 3	• fünf kurze Durchsagen (Radio, Bahnhof, Flughafen, Mailbox u. Ä.)	• Selektives Verstehen – bestimmte Informationen verstehen: fünf Texte, einmal hören; • Aufgaben 56–60: fünf Aussagen *(Richtig (+) oder falsch (–)?)*	5 x 5 = 25

Zeit

Der Prüfungsteil Hörverstehen dauert ungefähr **20 Minuten**. Alle Texte werden nur einmal vorgespielt.

Punkte

Sie können im Prüfungsteil Hören insgesamt **75 Punkte** erreichen. Das Ergebnis des Prüfungsteils Hören geht mit 25 % in die Gesamtbewertung der Prüfung ein.
! Gesamtpunktezahl telc B2: **300 Punkte**; Prüfungsteil Hören 75 Punkte = 25 %.

Prüfungsmaterial

Zum Prüfungsteil Hörverstehen erhalten Sie die jeweiligen **Aufgabenblätter** und den Antwortbogen.

In der Prüfung dürfen Sie keine Hilfsmittel wie Wörterbücher, Mobiltelefone usw. benutzen.

Hinweise

In der Prüfung

- Im Prüfungsteil Hörverstehen werden die jeweiligen Texte (Teil 1–3) ohne Unterbrechung abgespielt. In jedem Teil bekommen Sie eine bestimmte Zeit, die Aufgaben vorher durchzulesen und die Aufgaben zu lösen. Hier kommt es darauf an, dass Sie die Aufgaben schnell durchlesen und bearbeiten. Sonst versäumen Sie den weiteren Text.
  Also: nicht an einer schwierigen Textstelle oder Aufgabe hängen bleiben!
- Sie können effektiver arbeiten, wenn Sie beim Durchlesen der Aufgaben Schlüsselwörter unterstreichen oder markieren.
- Ihre Aufgabe ist, jeweils zu entscheiden, ob Aussagen zum Text richtig (hier markieren Sie im Antwortbogen das Kästchen über dem Plus(+)-Zeichen) oder falsch sind (hier markieren Sie im Antwortbogen das Kästchen über dem Minus(–)-Zeichen). Da Sie die Texte nur einmal hören, markieren Sie die Lösung richtig (+) oder falsch (–) schon während des Hörens in den Antwortbogen.
- Wenn Sie im Hörtext ein Wort nicht verstehen, denken Sie nicht lange nach. Hören Sie einfach weiter, denn oft verstehen Sie es, wenn Sie den ganzen Text hören.
- Wenn Sie in einer Aufgabe keine Lösung finden, markieren Sie auf jeden Fall etwas, auch wenn Sie raten müssen. Bei Richtig/Falsch-Aufgaben gibt es immer eine Chance von 50 %, dass die Lösung stimmt. Und: Für falsche Antworten gibt es keinen Punktabzug.
- Markieren Sie mit einem weichen Bleistift.

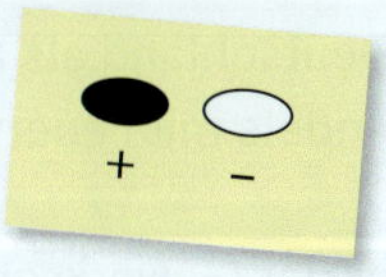

Vorbereitung auf die Prüfung

Wenn Sie sich auf die Prüfung vorbereiten, sollten Sie:
- beim Lösen des Modelltests kein Wörterbuch oder andere Hilfsmittel benutzen,
- immer die vorgegebenen Zeiten einhalten und mit einer Uhr üben,
- das schnelle Übertragen der Lösungen auf den Antwortbogen üben,
- das schnelle Lesen der Aufgaben üben und nach den Lösungsschritten arbeiten,
- nach Korrigieren Ihrer Ergebnisse die Texte noch einmal hören und die von Ihnen gemachten Fehler erkennen.

Das Training im Buch

1. Lesen Sie die Lösungsschritte zu Teil 1 durch (→ Seite 57).
2. Hören Sie danach die Texte zu Hörverstehen Teil 1 und lösen Sie die Aufgaben 41–45 (→ Seite 56).
3. Vergleichen Sie Ihre Ergebnisse mit den Lösungen (→ Seite 58/59). Lesen Sie die Transkription des Hörtextes dazu und beachten Sie die unterstrichenen Schlüsselwörter. Wo haben Sie Fehler gemacht? Die Erläuterungen zu den Lösungen sollen Ihnen helfen.
4. So arbeiten Sie auch die Hörverstehen Teil 2 und 3 durch.
5. Zu Übungszwecken können Sie den gesamten Teil Hörverstehen – wie in der Prüfung – ohne Pausen noch einmal hören (→ Seite 67)

Hörverstehen Teil 1

Zeit für den gesamten Teil Hörverstehen: ca. 20 Minuten

Hinweise zu den Lösungsschritten und zu der Lösung ab S. 57.

2

Sie hören nun eine Nachrichtensendung. Dazu sollen Sie fünf Aufgaben lösen.
Sie hören die Nachrichtensendung nur einmal.

Entscheiden Sie beim Hören, ob die Aussagen 41–45 richtig oder falsch sind.
Markieren Sie Ihre Lösungen auf dem Antwortbogen bei den Aufgaben 41–45.
Markieren Sie PLUS (+) gleich richtig und MINUS (–) gleich falsch auf dem Antwortbogen.

Lesen Sie jetzt die Aufgaben 41–45. Sie haben dazu 30 Sekunden Zeit.

41 Die Sicherheit im Bahnverkehr soll verbessert werden.

42 Die Polizei konnte einen Juwelenraub teilweise aufklären.

43 In Island führt eine Kältewelle zu großen Problemen.

44 Sowohl in Deutschland als auch in den Niederlanden gab es Festnahmen wegen illegalen Handels mit Feuerwerkskörpern.

45 Laut Ansicht der Gewerkschaft sind die staatlichen Hilfen für Kulturschaffende nicht ausreichend.

Hörverstehen Teil 1: Schritte zur Lösung

In diesem Prüfungsteil wird Globalverstehen geprüft, d. h. Sie sollen zeigen, ob Sie das Wichtigste, also die Hauptaussagen mehrerer Hörtexte, verstanden haben.

Was sollen Sie tun?

Sie hören eine Sendung im Radio mit sechs Kurznachrichten aus den Themenbereichen Aktuelles, Kultur, Wirtschaft, Verkehr, Politik usw. Dazu lesen Sie fünf Aussagen (Aufgabe 41–45). Die Kurznachrichten werden ohne Pause und in derselben Reihenfolge vorgespielt wie die Aussagen. Sie hören die Texte nur einmal.
Wenn Text und Aussage zusammenpassen, müssen Sie sich immer entscheiden, ob die Aussage richtig (+) oder falsch (–) ist. Da eine der Nachrichten zu keiner der Aussagen 41–45 passt, werden im Hörtext keine Aufgabennummern (also 41–45) genannt. Vor Anfang einer neuen Nachricht gibt es aber immer einen Sprecherwechsel.
Arbeiten Sie am besten nach den folgenden Schritten.

Schritt 1: Vor dem Hören die Aussagen lesen, wichtige Wörter unterstreichen

Lesen Sie vor dem Hören die Aussagen (Aufgabe 41–45) genau. Sie haben dafür 30 Sekunden Zeit. Unterstreichen Sie wichtige Wörter. So bekommen Sie eine Idee, worum es in den Nachrichten gehen wird. Wenn der Hörtext beginnt, hören Sie auf zu lesen.

Beispiel: **41** Die Sicherheit im Bahnverkehr soll verbessert werden
42 Die Polizei konnte einen Juwelenraub teilweise aufklären.

Schritt 2: Die erste Nachricht hören, auf die unterstrichenen Wörter achten und mit der Aussage in Aufgabe 41 vergleichen

Hören Sie die erste Nachricht. Werden Sie nicht nervös, wenn Sie einzelne Wörter nicht verstehen. Sie müssen nur die Hauptaussage aus dem Text erkennen und diese mit der Aussage 41 vergleichen. Passt diese inhaltlich zur Aussage in Aufgabe 41? Wenn ja, ist die Aussage richtig (+) oder falsch (–)?

Schritt 3: Die Lösung markieren

Markieren Sie während des Hörens sofort die Lösung richtig (+) oder falsch (–). Zwischen den Nachrichten gibt es keine Pause. Nach dem Lösen der Aufgabe 41 konzentrieren Sie sich sofort auf die nächste Aufgabe.

Schritt 4: Die nächsten Nachrichten genauso bearbeiten

Wenn Sie eine Nachricht nicht verstanden haben und die Lösung nicht wissen, markieren Sie trotzdem etwas. Sie haben eine 50%ige Chance, dass Sie das Richtige markiert haben!
Oft werden gleiche Inhalte in Hörtext und Aussagen anders ausgedrückt. Achten Sie auf Synonyme und Umschreibungen.
Abschließend gibt es die Meldung „Das waren die Nachrichten" und eine kurze Pause (ca. 15–20 Sekunden), bevor Hörverstehen Teil 2 beginnt. Überprüfen Sie, ob Sie im Antwortbogen Ihre Lösungen richtig markiert haben.

Bearbeiten Sie jetzt den Modelltest Hörverstehen Teil 1 auf Seite 56 und lösen Sie die Aufgaben 41–45 nach diesen Schritten. Vergleichen Sie anschließend Ihre Ergebnisse mit den Hörtexten, den Lösungen und Erläuterungen auf den folgenden Seiten.

Hörverstehen Teil 1: Hörtexte und Lösungen

Hier können Sie Ihre Ergebnisse mit den Lösungen vergleichen. Sowohl in den Aufgaben als auch in den Hörtexten haben wir die Schlüsselwörter unterstrichen, um die Lösungen deutlich zu machen.

Zu den Aufgaben gibt es außerdem kurze Erläuterungen.

Hörtext

Und hier die Nachrichten: Die Deutsche Bahn will etwas gegen Verspätungen unternehmen. So soll an den zahlreichen Baustellen jetzt hauptsächlich nachts gearbeitet werden. Außerdem sollen spezielle Mitarbeiterinnen und Mitarbeiter eingestellt werden, um die Ursachen für die Verspätungen genau zu erforschen, aufzulisten und zu systematisieren. Ziel dieser Untersuchung ist, Fahrplankorrekturen vorzunehmen, die zur Lösung des Problems beitragen. Auch soll der Ablauf bei Rückerstattungen besser werden, sodass Fahrgäste in Zukunft sicher, schnell und unbürokratisch ihr Geld zurückbekommen.	41 (–)
Die deutsche Polizei hat einen großen Teil des Schmucks wiedergefunden, der bei einem Einbruch in ein Museum in Dresden gestohlen wurde. Diebe waren in das Museum im Dresdner Residenzschloss eingedrungen und es war ihnen gelungen, Schmuck im Wert von über 113 Millionen Euro zu stehlen. Nachdem einige der Täter bereits vor Monaten festgenommen worden waren, konnten heute in Berlin viele der gestohlenen Gegenstände sichergestellt werden, allerdings fehlen immer noch einige wertvolle Stücke.	42 (+)
In der Nacht von Mittwoch auf Donnerstag ist im Ostchinesischen Meer ein Frachtschiff mit 22 Menschen an Bord gesunken. Die Nachrichtenagentur Reuters meldet, dass 13 Menschen gerettet werden konnten. Neun Besatzungsmitglieder werden noch vermisst. Die japanische und südkoreanische Küstenwache hat Flugzeuge und Schiffe eingesetzt, um die Vermissten zu finden.	passt zu keiner Aussage
Aufgrund einer extremen Wetterlage sind derzeit viele Touristen am Isländer Flughafen in Reykjavik gestrandet. Fast alle Flüge sind seit Anfang der Woche gestrichen, Hunderte Reisende warten auf ihren Flug. Dass Island immer wieder mit heftigen Wirbelstürmen und Unwettern zu kämpfen hat, ist nichts Neues, wohl aber die Intensität des augenblicklichen Tornados. Flüge von Deutschland nach Island werden voraussichtlich bis Ende der Woche nicht stattfinden, wegen der aktuellen Wetterlage müssen sie annulliert oder verschoben werden.	43 (–)
Die Polizei in Deutschland hat gestern in Ochtrup nahe der niederländischen Grenze 250 000 Kilogramm an schweren Feuerwerkskörpern beschlagnahmt, die für den illegalen Verkauf bestimmt waren. Drei Verdächtige wurden festgenommen. Sie sollen schwere und gefährliche Feuerwerkskörper angeboten haben, die sowohl in den Niederlanden als auch in Deutschland verboten sind. Sie taten dies über eine Website, auf der die Feuerwerkskörper in Geschäften jenseits der Grenze in Deutschland abgeholt werden konnten. Nach Angaben der Polizei wurden auch Durchsuchungen auf der niederländischen Seite der Grenze durchgeführt.	44 (–)

Mit verschiedenen Aktionen möchte Verdi, die Vereinte Dienstleistungsgewerkschaft, diese Woche auf die Situation der Künstlerinnen und Künstler und Kulturschaffenden aufmerksam machen. So seien staatliche Hilfen beispielsweise für die Durchführung von Veranstaltungen sinnvoll und zu begrüßen. Die Begründungen für Anträge aus Hilfeleistungen wären aber zu bürokratisch und kompliziert. Vor allen Dingen würden die vielen selbstständig arbeitenden Kunstschaffenden kaum oder gar nicht berücksichtigt.	45 (+)
Das waren die Nachrichten.	

		Lösung
41	Die Sicherheit im Bahnverkehr soll verbessert werden.	(–)
42	Die Polizei konnte einen Juwelenraub teilweise aufklären.	(+)
43	In Island führt eine Kältewelle zu großen Problemen.	(–)
44	Sowohl in Deutschland als auch in den Niederlanden gab es Festnahmen wegen illegalen Handels mit Feuerwerkskörpern.	(–)
45	Laut Ansicht der Gewerkschaft sind die staatlichen Hilfen für Kulturschaffende nicht ausreichend.	(+)

Erläuterungen

41 ist falsch. Nicht die Sicherheit im Bahnverkehr soll verbessert werden, sondern die Pünktlichkeit bei der Deutschen Bahn. Sie will *etwas gegen Verspätungen unternehmen*. Die Wörter *besser werden* und *sicher* tauchen zwar im Hörtext auf, aber in einem anderen Kontext. Der Ablauf bei Rückerstattung soll besser werden, damit Fahrgäste ihr Geld sicher und schnell bekommen.

42 ist richtig. Die Polizei hat den Juwelenraub aufgeklärt, aber nur teilweise: nur einige Täter wurden festgenommen, viele (nicht alle) der gestohlenen Gegenstände wurden sichergestellt, ein großer Teil des Schmucks (nicht der ganze Schmuck) wurde wiedergefunden und *es fehlen immer noch einige wertvolle Stücke*.
Die darauf folgende Nachricht (Frachtschiff gesunken) passt zu keiner der Aussagen.

43 ist falsch. In Island führt eine extreme Wetterlage, Wirbelstürme, Unwetter, Tornados zu großen Problemen (Touristen sitzen fest), nicht aber eine Kältewelle.

44 ist falsch. In Deutschland gab es Festnahmen, nicht aber in den Niederlanden, dort gab es nur Durchsuchungen. ... *in Deutschland ... Verdächtige wurden festgenommen, ... auch Durchsuchungen auf der niederländischen Seite der Grenze durchgeführt*.

45 ist richtig. Die Gewerkschaft macht darauf aufmerksam, dass die staatlichen Hilfen für Kulturschaffende zwar sinnvoll seien, aber nicht ausreichend, da die vielen *selbstständig arbeitenden Kunstschaffenden kaum oder gar nicht berücksichtigt* werden würden.

Hörverstehen Teil 2

Zeit für den gesamten Teil Hörverstehen: ca. 20 Minuten

Hinweise zu den Lösungsschritten und zu der Lösung ab S. 61.

3

Sie hören ein Rundfunk-Interview. Dazu sollen Sie zehn Aufgaben lösen.
Sie hören dieses Interview nur einmal.

Entscheiden Sie beim Hören, ob die Aussagen 46–55 richtig oder falsch sind.
Markieren Sie Ihre Lösungen auf dem Antwortbogen bei den Aufgaben 46–55.
Markieren Sie PLUS (+) gleich richtig und MINUS (–) gleich falsch auf dem Antwortbogen.

Lesen Sie jetzt die Aufgaben 46–55. Sie haben dazu 60 Sekunden Zeit.

46 Frau Neumeister arbeitet im Reisebüro ihrer Mutter.

47 Ihr Reisebüro arbeitet auch mit einem Callcenter zusammen.

48 Sie geht fest davon aus, dass Reisebüros eine Zukunft haben.

49 Reisende buchen bei Frau Neumeister hauptsächlich Städtereisen.

50 Für viele Reisende spielen heute bei den Urlaubsplänen andere Dinge eine Rolle als früher.

51 Frau Neumeister hat nichts gegen Flugreisen.

52 Für klimafreundliche Reisen müssen die Reisenden etwas mehr bezahlen.

53 Das Reisebüro bietet auch Schulungen zu nachhaltigem Reisen an.

54 Frau Neumeister ist mit ihrem Beruf zufrieden.

55 Sie erhält von Reiseveranstaltern kostenlose Angebote.

Hörverstehen Teil 2: Schritte zur Lösung

In diesem Prüfungsteil wird Detailverstehen geprüft. Hier kommt es darauf an, etwas genau zu verstehen. Hören Sie genau zu, denn jede Information kann für die Lösung wichtig sein.

Was sollen Sie tun?

Sie hören ein Interview zu einem alltäglichen Thema: Eine Person berichtet über ihren Beruf, ein Hobby, etwas, was sie beschäftigt usw. Auch diesen Text hören Sie nur einmal.
Zu dem Hörtext gibt es zehn Aussagen. Sie sollen entscheiden: Entsprechen die Sätze dem Hörtext? Wurde es so gesagt (+ = richtig) oder nicht (– = falsch)?

Schritt 1: Vor dem Hören Aussagen lesen, wichtige Wörter unterstreichen und das Thema bestimmen

Vor dem Hören haben Sie 60 Sekunden Zeit, die Aussagen in den Aufgaben 46–55 zu lesen. Unterstreichen Sie wichtige Wörter – so erkennen Sie, worum es im Interview gehen wird. Hören Sie sofort auf zu lesen, wenn das Gespräch beginnt.

Beispiel: **46** Frau Neumeister arbeitet im Reisebüro ihrer Mutter.
47 Ihr Reisebüro arbeitet ...

Thema: Arbeit in einem Reisebüro.

Schritt 2: Beim Hören des Interviews den Inhalt der Aussagen mit den Informationen im Hörtext vergleichen, auf die unterstrichenen Wörter achten und die Lösungen richtig (+) oder falsch (–) auf dem Antwortbogen markieren.

Hören Sie das Interview. Lesen Sie beim Hören die Aussagen 46–55, wobei Sie auf die unterstrichenen Wörter achten und diese mit den Inhalten im Hörtext vergleichen. Wenn Sie Informationen hören, die zu den Aussagen passen, markieren sie die Lösung richtig (+) oder falsch (–) auf dem Antwortbogen und gehen Sie sofort zur nächsten Aufgabe. Konzentrieren Sie sich sofort auf den nächsten Textteil.
Die Reihenfolge der Aufgaben entspricht immer der Reihenfolge der Inhalte des Hörtextes.

Werden Sie nicht nervös, wenn Sie bei der Lösung einer Aufgabe unsicher sind und die Antwort richtig (+) oder falsch (–) nicht lösen können. Oft werden gleiche Inhalte im Hörtext und in den Aussagen in anderen Wörtern ausgedrückt. Achten Sie auf Synonyme und Umschreibungen.
Achten Sie also genau darauf, was im Text gesagt wird, auch wenn Sie persönlich meinen, dass eine andere Lösung zutreffen könnte (s. hierzu Erläuterungen zu Aufgabe 52 unten).

Schritt 3: Lösungen auf dem Antwortbogen überprüfen

Am Ende des Hörtextes bekommen Sie 30 Sekunden Zeit, Ihre Lösungen im Antwortbogen zu überprüfen. Markieren Sie auf jeden Fall etwas, auch bei den Aufgaben, bei denen Sie sich nicht sicher sind. Sie haben eine fünfzigprozentige Chance, dass Sie das Richtige ankreuzen!

Bearbeiten Sie jetzt den Modelltest Hörverstehen Teil 2 auf Seite 60 und lösen Sie die Aufgaben 46–55 nach diesen Schritten. Vergleichen Sie anschließend Ihre Ergebnisse mit den Hörtexten, den Lösungen und Erläuterungen auf den folgenden Seiten.

Hörverstehen Teil 2: Hörtexte und Lösungen

Hier können Sie Ihre Ergebnisse mit den Lösungen vergleichen. Sowohl in den Aufgaben als auch im Hörtext haben wir die Schlüsselwörter unterstrichen, um die Lösungen deutlich zu machen.

Zu den Aufgaben gibt es außerdem kurze Erläuterungen.

Hörtext

Interviewerin: Liebe Hörerinnen und Hörer: In unserem Reisejournal ist heute Frau Neumeister bei uns zu Gast. Sie arbeitet bei einem großen Reisebüro hier in der Stadt und wir wollen mit ihr über die Zukunft des Reisens sprechen. Gibt es neue Trends, haben sich die Wünsche und das Reiseverhalten der Kunden geändert? Vielleicht erzählen Sie zuerst einmal etwas über sich.

Tanja Neumeister: Ja gerne. Reisen ist schon immer mein Traum. Und ich wollte auch in diesem Bereich tätig sein, durch die Welt reisen, fremde Länder kennenlernen. Sicher ist das auch familiär bedingt. Mein Vater war eine Zeit lang Reiseleiter, meine Mutter hat auch schon in einem Reisebüro gearbeitet, sie war dort sogar Filialleiterin. Naja, und ich habe dann denselben Berufsweg eingeschlagen und nach meiner Ausbildung als Tourismuskauffrau in dem Reisebüro, in dem ich jetzt arbeite, einen Job gefunden. Anfangs wollte ich zwar am liebsten viele 46 (–)
Länder kennenlernen und dort arbeiten, aber dann habe ich mich doch für die Arbeit im Reisebüro entschieden.

Interviewerin: Wie sieht ihre Arbeit konkret aus?

Tanja Neumeister: Ich arbeite als Reiseberaterin, die Kunden und Kundinnen legen großen Wert auf eine individuelle Beratung, etwas, was ihnen Online-Reiseportale nicht bieten können. Dazu kommt, dass viele sich mit dem Überangebot im Netz einfach nicht mehr zurechtfinden und es ihnen gar nicht gelingt, das günstigste Angebot zu finden. Außerdem kann anonymes Buchen auch sehr risikoreich sein. Versuchen Sie sich mal, bei Nachfragen, Beschwerden oder Reklamationen 47 (–)
mit einem Callcenter in Verbindung zu setzen. Kunden schätzen es sehr, dass wir sie bei ihrer Reise mit Rat und Tat unterstützen.

Interviewerin: Also wird es auch weiter Reisebüros geben?

Tanja Neumeister: Davon bin ich auf jeden Fall überzeugt. 48 (+)

Interviewerin: Abgesehen von der Tatsache, dass immer mehr Menschen online buchen: Wie sieht das aktuelle Reise- und Buchungsverhalten der Kunden aus? Hat sich das geändert?

Tanja Neumeister: Also, das Bedürfnis, zu verreisen und dafür auch Geld auszugeben, ist nach wie vor sehr hoch. Im letzten Jahr haben über 40 Millionen Menschen in Deutschland eine Reise von mindestens fünf Tagen gemacht. Spitzenreiter bei den Urlaubszielen sind bei uns weiter die Strände von Spanien
und Griechenland. Aber der Trend zum Urlaub im eigenen Land nimmt weiter zu. 49 (–)
Vor allem werden Städtereisen in Deutschland immer häufiger bei uns gebucht, z. B. nach Berlin, München, Hamburg, Frankfurt, Leipzig.

Interviewerin: Liegt das vielleicht daran, dass Reisen im eigenen Land wesentlich günstiger sind?

Tanja Neumeister: Für Pauschalangebote gilt das auf jeden Fall, außerdem sind die Kosten für die Anreise natürlich niedriger. Was das veränderte Reiseverhalten unserer Kunden betrifft, stelle ich immer häufiger fest, dass viele nachhaltiger, ökologischer reisen möchten, einfach nicht so viele Kilometer zurücklegen wollen. Als ich hier angefangen habe zu arbeiten, war das überhaupt kein Argument. Städtereisen kann man auch mit dem Zug unternehmen, CO_2-Emissionen lassen sich dadurch senken. 50 (+)

Interviewerin: Das würde dann bedeuten, dass die Anzahl der Flugreisen zurückgehen müsste. Wenn man die Urlauberzahlen auf den deutschen Flughäfen vor allem zu Ferienbeginn betrachtet, kann man sich das eigentlich nicht vorstellen. Wäre es hier nicht wichtig, den Reisenden konkrete Vorschläge zu machen, wie sie anders reisen können?

Tanja Neumeister: Nun, viele Reisende wollen und können auf Flugreisen nicht verzichten. Und das sollen sie meiner Meinung nach auch nicht. Das Schöne am Reisen ist ja, gerade fremde, auch weiter entfernte Länder und Kulturen kennenzulernen. Und das geht meistens nur mit dem Flugzeug. 51 (+)

Auf der anderen Seite geben immer mehr Reisende aber auch gleichzeitig an, dass sie klimafreundlich reisen möchten. Hier, und damit gehe ich auch auf Ihre Frage ein, beraten wir über die Förderung verschiedener Klimaschutzprojekte. So können Reisende bei Flugreisen je nach der Dauer ihres Fluges freiwillig eine Summe spenden, die für den Klimaschutz genutzt wird. Daneben vermitteln wir Aufenthalte in umweltfreundlichen und nachhaltigen Hotels weltweit, Hotels in denen Glas und Plastik recycelt oder ganz auf Plastik verzichtet wird, Unterkünfte, die in ihre Umgebung passen und mit nachhaltigen Materialien gebaut wurden usw. usw. 52 (–)

Ganz toll finde ich bei meiner Arbeit, dass bei uns alle Mitarbeitenden in Sachen Klimaschutz und nachhaltigem Reisen regelmäßig an Fortbildungen externer Beraterinnen und Berater teilnehmen. So sind wir immer besser in der Lage, unsere Kundinnen und Kunden gut zu informieren. 53 (–)

Interviewerin: Frau Neumeister, Sie haben uns jetzt mit großer Begeisterung von Ihrem Job berichtet. Am Anfang unseres Interviews haben Sie aber auch gesagt, dass Ihr Traum eigentlich war, in Ihrem Beruf fremde Länder kennenzulernen und dort zu arbeiten. Bereuen Sie im Nachhinein Ihre Berufswahl? 54 (+)

Tanja Neumeister: Überhaupt nicht. Wir sind ein nettes Team, durch die regelmäßigen Fortbildungen kann ich mich immer weiterentwickeln und teilweise komme ich auch in der Welt herum. Denn bevor wir mit gutem Gewissen nachhaltige Unterkünfte bestimmter Reiseveranstalter vermitteln, schauen wir uns gerne diese Hotels an – und diese Reisen werden bei uns intern auch bezahlt. Das geht natürlich nicht immer, aber wenn es möglich ist, organisiert unser Reisebüro für die Mitarbeitenden dementsprechende Inforeisen. 55 (–)

Interviewerin: Frau Neumeister, vielen Dank für dieses interessante Gespräch. Und nach etwas Musik geht's dann in unserer Sendung weiter mit konkreten Tipps für nachhaltiges Reisen im kommenden Sommer.

		Lösung
46	Frau Neumeister arbeitet im Reisebüro ihrer Mutter.	(–)
47	Ihr Reisebüro arbeitet auch mit einem Callcenter zusammen.	(–)
48	Sie geht fest davon aus, dass Reisebüros eine Zukunft haben.	(+)
49	Reisende buchen bei Frau Neumeister hauptsächlich Städtereisen.	(–)
50	Für viele Reisende spielen heute bei den Urlaubsplänen andere Dinge eine Rolle als früher.	(+)
51	Frau Neumeister hat nichts gegen Flugreisen.	(+)
52	Für klimafreundliche Reisen müssen die Reisenden etwas mehr bezahlen.	(–)
53	Das Reisebüro bietet auch Schulungen zu nachhaltigem Reisen an.	(–)
54	Frau Neumeister ist mit ihrem Beruf zufrieden.	(+)
55	Sie erhält von Reiseveranstaltern kostenlose Angebote.	(–)

Erläuterungen

46 ist falsch. Frau Neumeister arbeitet nicht im Reisebüro ihrer Mutter. Sie sagt nur, dass ihre Mutter auch schon in einem Reisebüro gearbeitet hat und sie dann denselben Berufsweg einschlug.

47 ist falsch. Frau Neumeister arbeitet nicht mit einem Callcenter zusammen. Das Wort Callcenter taucht im Hörtest auf, aber in einem anderen Kontext. Viele Reisende haben Schwierigkeiten, bei Fragen ein Callcenter zu erreichen – das ist ein Grund, weshalb sie lieber ins Reisebüro kommen.

48 ist richtig. Frau Neumeister geht fest davon aus, dass Reisebüros eine Zukunft haben. Auf die Frage der Interviewerin, ob es auch weiter Reisebüros geben wird, antwortet sie kurz und klar: *Davon bin ich auf jeden Fall überzeugt.*

49 ist falsch. Hier muss man auf Details achten. Frau Neumeister sagt zwar, dass vor allem Städtereisen immer häufiger gebucht werden, aber nicht, dass Städtereisen hauptsächlich gebucht werden. Frau Neumeister sagt: *Spitzenreiter bei den Urlaubszielen sind bei uns weiter die Strände von Spanien und Griechenland. Spitzenreiter* sind die Urlaubsziele, die auf Nummer 1 stehen, also hauptsächlich gebucht werden.

50 ist richtig. Viele Reisende *möchten nachhaltiger, ökologischer reisen, einfach nicht so viele Kilometer zurücklegen*, d. h. für sie spielen heute bei ihren Urlaubsplänen andere Dinge eine Rolle als früher. *Als ich hier angefangen habe zu arbeiten, war das überhaupt kein Argument* (hat keine Rolle gespielt).

51 ist richtig. Frau Neumeister sagt: *Viele Reisende wollen und können auf Flugreisen nicht verzichten. Und das sollen sie meiner Meinung nach auch nicht.* Das bedeutet, dass sie nichts gegen Flugreisen hat. Das geht auch aus dem folgenden Satz hervor, in dem sie betont, dass man um fremde Länder und Kulturen kennenzulernen, was sie schön findet, meistens das Flugzeug braucht.

52 ist falsch. Auch hier muss man Details verstehen. Frau Neumeister sagt, dass Reisende bei ihren Flügen freiwillig einen Betrag für den Klimaschutz spenden können: *So können Reisende bei Flugreisen je nach der Dauer ihres Fluges freiwillig eine Summe spenden, die für den Klimaschutz genutzt wird.* Es geht hier nicht um Preise für angebotene klimafreundliche Reisen.
Auch wenn Sie der Meinung sind und es sicherlich auch zutrifft, dass klimafreundliches Reisen mehr kostet, sagt Frau Neumeister das nicht. Wichtig ist immer, ob eine Aussage im Text gesagt wird oder nicht, auch wenn Sie persönlich aufgrund Ihrer Erfahrungen der Meinung sind, dass eine andere Lösung zutreffen könnte.

53 ist falsch. Es gibt Schulungen (= Fortbildungen) zu nachhaltigem Reisen, die werden aber nicht vom Reisebüro, sondern von externen Beraterinnen und Beratern angeboten.

54 ist richtig. Hier gibt es von Frau Neumeister auf die Frage *Bereuen Sie im Nachhinein Ihre Berufswahl?* (d. h. „Sind Sie mit Ihrem Beruf zufrieden?!“) die klare Antwort: *Überhaupt nicht*. Sie ist also mit ihrem Beruf zufrieden.

55 ist falsch. Bestimmte Reisen werden intern bezahlt, also vom Reisebüro. Im Text ist nicht die Rede von Reiseveranstaltern, die dieses bezahlen würden. Das Wort *Reiseveranstalter* taucht zwar auf, aber in einem anderen Kontext.

Hörverstehen Teil 3

Zeit für den gesamten Teil Hörverstehen: ca. 20 Minuten

Hinweise zu den Lösungsschritten und zu der Lösung ab S. 67.

4 Sie hören jetzt fünf kurze Texte. Dazu sollen Sie fünf Aufgaben lösen.
Sie hören diese Ansagen nur einmal.

Entscheiden Sie beim Hören, ob die Aussagen 56–60 richtig (+) oder falsch (–) sind.
Markieren Sie Ihre Lösungen auf dem Antwortbogen bei den Aufgaben 56–60.
Markieren Sie PLUS (+) gleich richtig und MINUS (–) gleich falsch auf dem Antwortbogen.

56 Es wird davon ausgegangen, dass Deutschland beim diesjährigen Songfestival ein gutes Ergebnis erzielt.

57 Für Silvester wird Regen bei steigenden Temperaturen erwartet.

58 Während der Kinderbetreuung können die Kleinen auch günstig zu Mittag essen.

59 Obwohl sie sich nicht wohlfühlt, wird Claudia versuchen, zur Party zu kommen.

60 Auf der A5 gibt es an mehreren Stellen Probleme wegen Bauarbeiten.

Hörverstehen Teil 3: Schritte zur Lösung

In diesem Prüfungsteil wird selektives Hörverstehen geprüft. Hierbei sollen Sie gezielt bestimmte Informationen aus dem Text heraushören, die für die Lösung wichtig sind. Welche Informationen das genau sind, erfahren Sie in den Aufgaben.

Was sollen Sie tun?

Sie hören fünf kurze Durchsagen, z. B. Lautsprecherdurchsagen am Bahnhof, Aufnahmen z. B. auf der Mailbox oder dem Anrufbeantworter, Verkehrsinformationen, Veranstaltungshinweise im Radio, Wetterberichte usw.
Wieder hören Sie die Texte nur einmal. Zu jedem Hörtext gibt es eine Aussage. Sie müssen entscheiden: Entsprechen die Sätze dem Hörtext? Wurde es so gesagt (+ = richtig) oder nicht (– = falsch)? Zwischen den Durchsagen und nach der letzten Durchsage gibt es kurze Pausen (ca. 15 Sekunden). Markieren Sie während des Hörens oder in der kurzen Pause nach jeder Durchsage Ihre Lösung auf den Antwortbogen. Vor jeder Durchsage hören Sie einen einleitenden Satz, in dem die Situation kurz vorgestellt wird.

Schritt 1: Die erste Durchsage (Nr. 56) hören, gleichzeitig wichtige Wörter in Aussage 56 unterstreichen und sich für die Lösung richtig (+) oder falsch (–) entscheiden

Hier müssen Sie sehr schnell sein. Sie erhalten keine zusätzliche Zeit, vor Abspielen der Hörtexte die Aufgaben zu lesen. Hören Sie die Durchsage, lesen Sie gleichzeitig die Aussage in der Aufgabe 56 und unterstreichen Sie die wichtigen Wörter. Diese sind oft Ortsnamen, geografische Angaben (z. B. bei einem Wetterbericht), Zeitangaben, Zahlen.

Schritt 2: Während oder nach der ersten Durchsage die richtige Lösung auf dem Antwortbogen markieren, schnell die Aussage in der nächsten Aufgabe lesen und wichtige Wörter unterstreichen

Markieren Sie während des Hörens oder in der kurzen Pause nach der Durchsage Ihre Lösung auf dem Antwortbogen. Am Ende dieses Prüfungsteils bekommen Sie hierfür keine zusätzliche Zeit. Unterstreichen Sie die Schlüsselwörter in der nächsten Aufgabe (Aufgabe 57). Wenn Sie Ihre Lösung zu Aufgabe 56 bereits während des Hörens markieren konnten, haben Sie mehr Zeit, in dieser kurzen Pause die wichtigen Wörter zu unterstreichen.

Lösungen sofort in den Antwortbogen markieren

Schritt 3: Weitere Durchsagen hören und die Aufgaben 57–60 lösen

Oft werden gleiche Inhalte im Hörtext und in den Aussagen in anderen Wörtern ausgedrückt. Achten Sie auf Synonyme und Umschreibungen.
Markieren Sie auf jeden Fall auch bei den Aufgaben, bei denen Sie sich nicht sicher sind, eine Lösung. Sie haben eine fünfzigprozentige Chance, dass Sie das Richtige ankreuzen.

Bearbeiten Sie jetzt den Modelltest Hörverstehen Teil 3 auf Seite 66 und lösen Sie die Aufgaben 56–60 nach diesen Schritten. Vergleichen Sie Ihre Ergebnisse mit den Hörtexten, den Lösungen und Erläuterungen auf den folgenden Seiten.

5 ! Hier können Sie zu Übungszwecken die gesamte Prüfung zu Hörverstehen Teil 1–3 hören.

Hörverstehen Teil 3: Hörtexte und Lösungen

Hier können Sie Ihre Ergebnisse mit den Lösungen vergleichen. Sowohl in den Aufgaben als auch in den Hörtexten haben wir die Schlüsselwörter unterstrichen, um die Lösungen deutlich zu machen.

Zu den Aufgaben gibt es außerdem kurze Erläuterungen.

Hörtexte

56
Im Radio hören Sie die folgende Nachricht:
Liebe Hörerinnen und Hörer, gleich hören Sie in unserem Kulturreport einen Bericht zum European Song Contest, dem europäischen Liederwettbewerb, der nächsten Samstagabend wieder stattfindet. Natürlich hoffen wir, dass es nach vielen Jahren endlich wieder einmal gelingen wird, als Sieger zu punkten, aber es ist schwer, hier Prognosen anzustellen. Erneut werden mehr als 150 Millionen Zuschauer weltweit die Show an ihren Bildschirmen verfolgen. Auch in Deutschland wird es wieder bundesweit ESC-Partys geben – die größte Party in Hamburg wird auf der Reeperbahn stattfinden, auch dieses Jahr bei kostenlosem Eintritt. (–)

57
Im Radio hören Sie den folgenden Wetterbericht:
Und hier die Wettervorhersage für Hessen. Am Donnerstag und Freitag weiter bewölkt mit örtlichen Schauern bei etwas höheren Temperaturen, bis 6 Grad in Südhessen und 3 Grad im Westerwald. Am Samstag (also an Silvester) bleibt es trocken bei für die Jahreszeit ungewöhnlich milden Temperaturen zwischen 10 und 12 Grad. Erst in der kommenden Woche kehrt dann der Winter zurück, die Temperaturen gehen spürbar zurück, Regen- und Schneefälle werden erwartet. (–)

58
Im Möbelhaus hören Sie die folgende Durchsage:
Liebe Gäste, willkommen bei Möbel-Komfort. Bei uns werden Sie sich wohlfühlen. Damit für Sie und Ihre Familie das Einkaufen noch angenehmer wird, bieten wir Ihnen als besonderen Service den ganzen Tag eine Kinderbetreuung an. Im Erdgeschoss können Ihre Kinder natürlich unter Aufsicht spielen und basteln. Warme Speisen für jeden Geschmack gibt es ab 12 Uhr in unserem Restaurant im 2. Stock, für Ihre Kleinen haben wir auch ein besonderes Kindermenu im Angebot. (–)

59
Auf Ihrer Mailbox hören Sie die folgende Nachricht:
Liebe Jessica, hier Claudia. Ich bin leider etwas krank und weiß noch nicht, ob ich morgen zu unserer Kursabschlussparty kommen kann. Ich habe auf jeden Fall vor, zur Party zu kommen, falls das aber nicht klappt: Kannst du zur Sicherheit einen Salat machen? Falls ich doch kommen kann, haben wir dann halt zwei Salate, das wäre dann auch nicht schlimm. Ich melde mich auf jeden Fall noch mal und sage Bescheid. Wir telefonieren. (+)

60 Sie hören die folgende Verkehrsmeldung: Und hier die Verkehrsmeldungen. Von Samstag 18 Uhr bis Montag 10 Uhr muss die A5 wegen Bau- und Sanierungsarbeiten zwischen Weinheim und Hirschberg gesperrt werden. Die Umleitungen sind ausgeschildert. Die A5 bei Frankfurt muss ebenfalls am Wochenende gesperrt werden, da Arbeiten an einer Brücke durchgeführt werden müssen. Und eine letzte Meldung zur A5. Die Bauarbeiten zwischen Alsfeld-West und Homberg sind beendet, hier kann wieder gefahren werden.	(+)

		Lösung
56	Es wird davon ausgegangen, dass Deutschland beim diesjährigen Songfestival ein gutes Ergebnis erzielt.	(–)
57	Für Silvester wird Regen bei steigenden Temperaturen erwartet.	(–)
58	Während der Kinderbetreuung können die Kleinen auch günstig zu Mittag essen.	(–)
59	Obwohl sie sich nicht wohlfühlt, wird Claudia versuchen, zur Party zu kommen.	(+)
60	Auf der A5 gibt es an mehreren Stellen Probleme wegen Bauarbeiten.	(+)

Erläuterungen

56 ist falsch. In der Radionachricht wird über das Songfestival gesagt, dass man zwar hofft, Sieger zu werden, es aber schwer ist, hier Prognosen anzustellen. Man hofft es, kann aber nicht davon ausgehen, dass Deutschland Sieger wird, Prognosen (= Voraussagen) sind schwierig. Bei *hoffen* weiß man nicht, was passiert, bei von *etwas ausgehen* ist man sich ziemlich sicher, dass etwas passieren wird.

57 ist falsch. Die Schlüsselwörter in der Aussage sind Silvester, Regen, steigende Temperaturen. Regen (Schauer) gibt es am Donnerstag und Freitag, auch etwas höhere Temperaturen. In der Aufgabe geht es um den Silvestertag und der ist am Samstag, An diesem Tag bleibt es trocken, es gibt also keinen Regen. *Am Samstag* (also an *Silvester*) *bleibt es trocken, ...* Damit wissen Sie bereits, dass die Aussage falsch ist, Sie können sofort die Lösung markieren und sich auf die nächste Aussage konzentrieren.

58 ist falsch. Es gibt im Möbelhaus eine Kinderbetreuung, im Erdgeschoss. Kindermenus gibt es auch, aber nicht bei (während) der Kinderbetreuung im Erdgeschoss, sondern im Restaurant im 2. Stock. Ob das Essen günstig ist, wird nicht gesagt.

59 ist richtig. Claudia fühlt sich nicht wohl: *Ich bin leider etwas krank und weiß noch nicht, ob ich morgen zu unserer Kursabschlussparty kommen kann*. Aber sie wird versuchen, zur Party zu kommen: *Ich habe auf jeden Fall vor, zur Party zu kommen ...*

60 ist richtig. Die Wörter, auf die Sie achten müssen, sind *A5, an mehreren Stellen, Bauarbeiten*. Im Hörtext geht es um die A5, das stimmt, wegen Bauarbeiten muss sie zwischen Weinheim und Hirschberg und auch bei Frankfurt (Bauarbeiten an einer Brücke) gesperrt werden. Andere Bauarbeiten auf der A5 sind zwar beendet, aber dennoch gibt es an den beiden vorher genannten Stellen (= *an mehreren Stellen*) weiterhin Bauarbeiten.

Schriftlicher Ausdruck

Übersicht

Im Prüfungsteil Schriftlicher Ausdruck schreiben Sie eine **E-Mail im (halb-)formellen Register** zu einer vorgegebenen Situation. Dabei haben Sie die Auswahl aus

Aufgabe A: Bitte um Informationen	oder	**Aufgabe B:** Beschwerde

Vorgegeben ist in beiden Aufgaben ein Text (z. B. eine Werbeanzeige), auf den Sie sprachlich angemessen reagieren sollen. Weiter sind eine Situationsbeschreibung und vier Inhaltspunkte angegeben, von denen Sie in Ihrer E-Mail mindestens drei bearbeiten sollen. Sie können auch nur zwei Inhaltspunkte bearbeiten und zu einem weiteren Punkt, der zur Situation passen muss, etwas in Ihrer E-Mail schreiben.

Sie sollen **mindestens 150 Wörter** schreiben.
Da Sie eine E-Mail schreiben sollen, brauchen Sie keine Angaben zu Datum, Absender und Empfänger zu machen.

Zeit

Für diesen Prüfungsteil haben Sie **30 Minuten Zeit**. Innerhalb dieser Zeit müssen Sie Ihren Text auf die Antwortbögen schreiben.

Nur die Texte auf den Antwortbögen werden bewertet!

Punkte

Sie können in diesem Prüfungsteil insgesamt **45 Punkte** erreichen:
- 15 Punkte für die Aufgabenbewältigung,
- 15 Punkte für die kommunikative Gestaltung,
- 15 Punkte für die formale Richtigkeit.

Informationen zu den Bewertungskriterien → Seite 72/73

Das Ergebnis des Prüfungsteils Schriftlicher Ausdruck geht mit 15 % in die Gesamtbewertung der Prüfung ein (→ Seite 8 Bewertung der telc Prüfung Deutsch B2).

! Gesamtpunktezahl telc B2: 300 Punkte; Prüfungsteil Schriftlicher Ausdruck 45 Punkte = 15 %.

Prüfungsmaterial

Zum Prüfungsteil Schriftlicher Ausdruck erhalten Sie das **Aufgabenblatt** mit den Aufgaben A oder B sowie Antwortbögen dazu. Außerdem erhalten Sie gestempeltes Konzeptpapier (für Notizen).

In der Prüfung dürfen Sie keine Hilfsmittel wie Wörterbücher, Mobiltelefone, persönliche Aufzeichnungen usw. benutzen.
Schreiben Sie mit weichem Bleistift.

Hinweise

In der Prüfung

- Für den Prüfungsteil Schriftlicher Ausdruck haben Sie insgesamt 30 Minuten Zeit. In dieser Zeit müssen Sie Ihren Text auf den Antwortbogen schreiben. Machen Sie sich deshalb auf dem Aufgabenblatt oder Konzeptpapier nur kurze Notizen und schreiben Sie Ihren Text direkt auf den Antwortbogen.
- Entscheiden Sie sich sehr schnell, welche der beiden Aufgaben A oder B Sie bearbeiten wollen. Lesen Sie die beiden vorgegebenen Situationen nur kurz durch. Nachdem Sie sich für Aufgabe A oder B entschieden haben, lesen Sie die von Ihnen gewählte Aufgabe und die zu bearbeitenden Inhaltspunkte genau und unterstreichen Sie das Wichtigste.
- Führen Sie am Ende eine Schnellkorrektur Ihres Textes durch:
  - Haben Sie zu mindestens drei Inhaltspunkten etwas geschrieben? Haben Sie zu mindestens zwei Inhaltspunkten oder einem eigenen Punkt, der zum Thema passen muss, etwas geschrieben?
  - Stimmt der Textaufbau? Ist der Text gut gegliedert (Einleitung, Textteile, Schlusssatz)?
  - Haben Sie die Sätze und Abschnitte sprachlich gut miteinander verknüpft?
  - Stimmen Anrede und Schluss? Im halbformellen Register müssen Sie die Sie-Form verwenden. Im Unterschied zu einer sehr formellen Form kann der Text umgangssprachliche Elemente enthalten, der Text muss aber der Situation angemessen sein.
  - Sind Grammatik, Rechtschreibung (auch Groß- und Kleinschreibung) und Wortschatz korrekt – und haben Sie deutlich und gut lesbar geschrieben?
  - Haben Sie (wenn möglich) für sich wiederholende Nomen und Verben Synonyme verwendet?

Vorbereitung auf die Prüfung

Wenn Sie sich auf die Prüfung vorbereiten, sollten Sie wie in der Prüfung arbeiten:

- Aufgabe A ist immer die Bitte um Informationen, Aufgabe B immer eine Beschwerde. Sie können sich vor der Prüfung schon auf die wichtigsten Redemittel für „um Informationen bitten“ und „sich beschweren“ vorbereiten.
- Benutzen Sie beim Lösen des Modelltests kein Wörterbuch oder andere Hilfsmittel.
- Denken Sie an die Zeit und arbeiten Sie mit der Uhr.
- In der Prüfung haben Sie kaum Zeit, die Wörter zu zählen. Ein Tipp: Zählen Sie nach, wie viele Wörter bei Ihnen in einer normalen Zeile stehen, z. B. 10–12. Dann müssen Sie in der Prüfung nur Ihre Zeilen zählen und wissen ungefähr, wie viele Wörter Ihr Text hat.
- Achten Sie beim Üben darauf, wo Ihre Schwächen sind, und wiederholen Sie gezielt Redemittel, Wortschatz und Strukturen.

Das Training im Buch

1. Arbeiten Sie die Lösungsschritte zum Prüfungsteil schriftlicher Ausdruck durch (→ Seite 76–79).
2. Danach bearbeiten Sie die Aufgabe A oder B (→ Seite 74–75) und schreiben den Text.
3. Nachdem Sie die Aufgabe bearbeitet haben, überprüfen Sie Ihren Text mit der Checkliste (→ Seite 79) und überarbeiten Sie Ihren Text danach.
4. Lesen Sie dann die Beispiele für mögliche Stichwörter zu den Aufgaben A oder B und die Lösungsbeispiele auf Seite 82/83 oder machen Sie, bevor Sie sich die Lösungsbeispiele ansehen, die Übungen auf Seite 84/85, in denen Sie Texte korrigieren sollen.
5. Machen Sie auch die Übungen zum Wortschatz auf Seite 86/87.

Bewertungskriterien

Die schriftlichen Arbeiten zum Prüfungsteil Schriftlicher Ausdruck werden von zwei Prüfer*innen korrigiert und bewertet. Dafür gibt es drei verschiedene Bewertungskriterien.

Zu jedem Kriterium werden je nach Leistung maximal 5 Punkte vergeben, insgesamt können also 15 Punkte erzielt werden:
- 5 Punkte für die Aufgabenbewältigung
- 5 Punkte für die kommunikative Gestaltung
- 5 Punkte für die formale Richtigkeit

Diese Punktezahl wird mit 3 multipliziert, sodass Sie für den Teil Schriftlicher Ausdruck insgesamt 15 x 3 = **45 Punkte** erhalten können.

Aufgabenbewältigung

Hier wird bewertet, wie gut die Schreibaufgabe erfüllt ist:
- Wurden mindestens drei der vorgegebenen Inhaltspunkte behandelt bzw. zwei Inhaltspunkte und ein weiterer frei gewählter Punkt, der aber zur Situation passen muss?
- Stimmt der Umfang, also die Zahl der Wörter?

Wenn das Kriterium Aufgabenbewältigung mit 0 Punkten bewertet wird (die Situation wurde nicht verstanden, aber dennoch wurde etwas zum Thema Passendes geschrieben), ist die Punktzahl für dieses Kriterium 0. Die anderen Kriterien können jedoch bewertet werden.

Es ist besonders wichtig, die Aufgabe zu erfüllen und auf die Inhaltspunkte einzugehen. Lesen Sie deshalb immer genau die Aufgabenstellung.

Kommunikative Gestaltung

- Sie sollen zeigen, dass Sie eine (halb)formelle E-Mail schreiben können, d. h. Betreff, Anrede, Register (Sie-Form mit ihren Ableitungen), Grußformel müssen passen.
  - Passen Betreff, Anrede zur Situation (Sie-Form mit den korrekten Ableitungen)?
  - Passt die Grußformel am Ende der E-Mail?
- Sie sollen zeigen, dass Sie über ein breites Spektrum an Wortschatz, Redemitteln und Strukturen verfügen, d. h. die für die gegebene Situation richtigen Wörter und Ausdrücke im Rahmen eines schriftlichen Textes verwenden.
- Wurden alle vorgegebenen Sprachfunktionen (z. B. um Informationen bitten, etwas erläutern, sich beschweren, die Meinung äußern, um etwas bitten) angemessen behandelt?
- Bewertet wird, ob Sie Inhalte sinnvoll und logisch miteinander verbinden und einen stimmigen Gesamttext schreiben können.
- Es wird positiv bewertet, wenn die Sätze oder Satzteile miteinander verbunden sind, die jeweils passenden Konnektoren verwendet werden und die Satzanfänge nicht immer gleich sind.
- Dazu zählt eine verständliche Gliederung des Textes, eine kurze Einleitung und ein passender Schluss.

Formale Richtigkeit

- Bewertet wird, wie gut Sie die deutsche Grammatik beherrschen.
- Bewertet werden Ihre Kenntnis der sprachlichen Strukturen und Wort- und Zeitformen.
- Stimmt der Satzbau, z. B. die Satzstellung des Verbs im Haupt- und Nebensatz?
- Haben Sie Fehler bei den Wortformen, z. B. Verbformen (Modalverben, Passiv, Konjunktiv) gemacht?
- Stimmen Verben und die entsprechenden Präpositionen?
- Sind die Nomen-Verb-Verbindungen korrekt?
- Stimmen die Nomen-Präposition-Verbindungen?
- Gibt es Fehler in Rechtschreibung und Zeichensetzung?

Natürlich muss Ihr Text nicht vollkommen fehlerfrei sein. Sie dürfen einzelne Fehler machen, die allerdings das Textverständnis nicht stören dürfen.

Übertragen Sie diese Nummer auf den Antwortbogen S. 156.

0	0	0	6	5	2

Testversion

Wenn Sie diese Nummer nicht übertragen, wird Ihre Prüfung nicht bewertet.

Schriftlicher Ausdruck Aufgabe A

Zeit für den Teil Schriftlicher Ausdruck: 30 Minuten

In der Zeitung lesen Sie folgende Anzeige:

Nachbarschaftshilfe Geben und Nehmen

**Brauchen Sie für einige Stunden ein Auto?
Oder Nachhilfeunterricht für Ihre Kinder?
Möchten Sie sich für kurze Zeit eine Bohrmaschine ausleihen?
Brauchen Sie Hilfe beim Einkaufen, bei der Gartenarbeit und bei kleinen Reparaturen im Haus?
Auf unserem Stadtteilnetzwerk finden Sie bestimmt jemanden, der Ihnen helfen kann.**

Auch Sie können bestimmt etwas anbieten und Ihre Nachbar*innen unterstützen.
Die Nachbarschaftshilfe hat als Ziel, Menschen im Stadtteil miteinander zu verbinden.
Indem wir einander helfen, machen wir unser Leben einfacher.
Melden Sie sich an, wir bringen Sie in Kontakt zu den Mitbewohner*innen Ihres Stadtteils.
Oder besuchen Sie uns in der Ludwigstraße 14.
Kontakt: Berger.Nachbarschaftshilfe@beispiel.de

Sie interessieren sich für die Nachbarschaftshilfe und haben noch Fragen. Bitten Sie in einer E-Mail an die Nachbarschaftshilfe um mehr Informationen.

Behandeln Sie darin entweder
a) drei der folgenden Punkte
oder
b) zwei der folgenden Punkte und einen weiteren Aspekt Ihrer Wahl.

- Beschreiben Sie, welche Hilfe Sie benötigen.
- Legen Sie dar, was Sie anbieten könnten.
- Bitten Sie um eine Erläuterung, wie der Austausch von Hilfen genau funktioniert.
- Fragen Sie nach weiteren Einzelheiten.

Überlegen Sie sich vor dem Schreiben eine passende Reihenfolge der Punkte, einen passenden Betreff, eine passende Anrede, eine Einleitung und einen passenden Schluss. Schreiben Sie mindestens 150 Wörter.

Übertragen Sie diese Nummer auf den Antwortbogen S. 156.

0	0	0	6	5	2

Testversion

Wenn Sie diese Nummer nicht übertragen, wird Ihre Prüfung nicht bewertet.

Schriftlicher Ausdruck Aufgabe B

Zeit für den Teil Schriftlicher Ausdruck: 30 Minuten

Lesen Sie die folgende Werbeanzeige:

many Jeans 4me – onlineshop

Stark reduzierte Preise für deine Lieblingsjeans.
Alle namhaften Jeansmarken, Passformen, Stilrichtungen und Waschungen.
Lieferzeit garantiert innerhalb von 14 Tagen.

- superschnelle Lieferung
- kostenlose Zustellung und Rücksendung
- 100 Tage Rückgabe möglich
- Kauf auf Rechnung möglich

Bestelle bis Freitagabend und erhalte einen Bonus von 10 Euro.
www.manyjeans4me.example.com

Sie haben neue Jeans bestellt und bei der Bestellung bereits bezahlt. Nach acht Wochen sind die Jeans trotz Mahnung immer noch nicht angekommen. Schreiben Sie eine Beschwerde an die Firma.

Behandeln Sie darin entweder
a) drei der folgenden Punkte
oder
b) zwei der folgenden Punkte und einen weiteren Aspekt Ihrer Wahl.

- Legen Sie dar, weshalb Sie unzufrieden sind.
- Beschreiben Sie Ihre Erwartungen nach der Lektüre der Werbeanzeige.
- Erklären Sie, was Sie nun von der Firma erwarten.
- Beschreiben Sie, was Sie tun, falls es keine zufriedenstellende Lösung gibt.

Überlegen Sie sich vor dem Schreiben eine passende Reihenfolge der Punkte, einen passenden Betreff, eine passende Anrede, eine Einleitung und einen passenden Schluss. Schreiben Sie mindestens 150 Wörter.

Schriftlicher Ausdruck Aufgabe A und B: Schritte zur Lösung

Was sollen Sie tun?

Sie schreiben eine E-Mail, in der Sie entweder um Informationen bitten (Aufgabe A) oder sich beschweren (Aufgabe B).

Vorgegeben ist in beiden Aufgaben ein Text (z. B. eine Werbeanzeige), auf den Sie sprachlich angemessen reagieren sollen, und eine Situationsbeschreibung mit vier Inhaltspunkten. Von diesen Inhaltspunkten sollen Sie in Ihrer E-Mail mindestens drei bearbeiten. Sie können auch nur zwei Inhaltspunkte bearbeiten und zu einem weiteren Punkt, der zur Situation passen muss, etwas in Ihrem Text schreiben.

Es handelt sich immer um Anzeigen und Situationen aus dem alltäglichen Leben.
- In Aufgabe A kann es vorkommen, dass man um Informationen bei einem Reiseveranstalter, bei einem Veranstalter eines Events, bei einer Versicherung, bezüglich des Kursangebots einer Schule, bezüglich eines Produkts usw. bitten soll.
- Beispiele für Beschwerdesituationen in Aufgabe B sind: Beschwerden über eine Reise oder einen Hotelaufenthalt, über einen Kurs, über ein gekauftes mangelhaftes Produkt, über eine Bestellung, eine fehlerhafte Lieferung usw.

Für diesen Teil haben Sie 30 Minuten Zeit. In dieser Zeit müssen Sie Ihren Text auf den Antwortbogen schreiben. Nur, was auf dem Antwortbogen steht, wird bewertet.

Schritt 0: Die Nummer der Schreibaufgabe auf den Antwortbogen übertragen

! Bevor Sie anfangen, müssen Sie die Nummer auf dem Aufgabenblatt in den Antwortbogen übertragen. Wenn Sie das vergessen oder eine andere Nummer eintragen, wird dieser Prüfungsteil nicht bewertet. Sie bekommen dann 0 Punkte für diesen Teil der Prüfung.

Schritt 1: Sich schnell für Aufgabe A oder B entscheiden

Aufgabe A ist immer die Bitte um Informationen. Aufgabe B ist immer eine Beschwerde.

Überfliegen Sie beide vorgegebenen Texte (A und B) kurz. Zu welcher der beiden Aufgaben haben Sie die meisten Ideen und den meisten Wortschatz? Lesen Sie auch die Situationsbeschreibung. Wichtig ist, dass Sie die Inhaltspunkte, die Sie bearbeiten sollen, verstehen. Wenn Sie hier wichtige Wörter nicht verstehen, sollten Sie sich für die andere Aufgabe entscheiden.

Schritt 2: Inputtext (Anzeige), Situationsbeschreibung und Inhaltspunkte genauer lesen und wichtige Wörter unterstreichen

Nachdem Sie sich für Aufgabe A oder B entschieden haben, lesen Sie sich den Anzeigentext A oder B genauer durch. Unterstreichen Sie wichtige Wörter. Sie müssen nicht jedes Wort in den Anzeigen verstehen, wichtig ist zu erkennen, was angeboten oder beworben wird.

Lesen Sie dann die beschriebene Situation und die Inhaltspunkte, die Sie bearbeiten sollen, sehr genau und unterstreichen Sie auch hier wichtige Wörter.

Beispiel:

Aufgabe A

Sie interessieren sich für die Nachbarschaftshilfe und haben noch Fragen. Bitten Sie in einer E-Mail an die Nachbarschaftshilfe um mehr Informationen.

Behandeln Sie darin entweder
a) drei der folgenden Punkte
oder
b) zwei der folgenden Punkte und einen weiteren Aspekt Ihrer Wahl.

- Beschreiben Sie, welche Hilfe Sie benötigen.
- Legen Sie dar, was Sie anbieten könnten.
- Bitten Sie um eine Erläuterung, wie der Austausch von Hilfen genau funktioniert.
- Fragen Sie nach weiteren Einzelheiten.

Aufgabe B

Sie haben neue Jeans bestellt und bei der Bestellung bereits bezahlt. Nach acht Wochen sind die Jeans trotz Mahnung immer noch nicht angekommen. Schreiben Sie eine Beschwerde an die Firma.

Behandeln Sie darin entweder
a) drei der folgenden Punkte
oder
b) zwei der folgenden Punkte und einen weiteren Aspekt Ihrer Wahl.

- Legen Sie dar, weshalb Sie unzufrieden sind.
- Beschreiben Sie Ihre Erwartungen nach der Lektüre der Werbeanzeige.
- Erklären Sie, was Sie nun von der Firma erwarten.
- Beschreiben Sie, was Sie tun, falls es keine zufriedenstellende Lösung gibt.

Schritt 3: Stichpunkte zu den Inhaltspunkten notieren

Machen Sie sich zu jedem Inhaltspunkt kurze Notizen auf dem Konzeptpapier. Hier ein Beispiel:

Notieren Sie nur wichtige Stichwörter. Schreiben Sie keine ganzen Sätze!

Aufgabe A

1 Beschreiben Sie, welche Hilfe Sie benötigen.

Hausaufgabenhilfe für Paolo in Deutsch und Englisch, mündlich + schriftlich

2 Legen Sie dar, was Sie anbieten könnten.

____

3 Bitten Sie um eine Erläuterung, wie der Austausch von Hilfen genau funktioniert.

____

4 Fragen Sie nach weiteren Einzelheiten.

____

Aufgabe B

1 Legen Sie dar, weshalb Sie unzufrieden sind.

Jeans bestellt, bezahlt, nach acht Wochen nicht gekommen, trotz Mahnung

2 Beschreiben Sie Ihre Erwartungen nach der Lektüre der Werbeanzeige.

3 Erklären Sie, was Sie nun von der Firma erwarten.

4 Beschreiben Sie, was Sie tun, falls es keine zufriedenstellende Lösung gibt.

Für den Fall, dass Sie nur zwei Inhaltspunkte bearbeiten möchten, können Sie einen eigenen Inhaltspunkt hinzufügen. Dieser muss aber zur angegebenen Situation passen.

Schritt 4: Betreff, Einleitung und Schlusssatz vorbereiten

Beispiel Betreff:
Es reichen wenige Wörter, z. B. in den Situationen dieses Modelltests:
A Bitte um Informationen
B Meine Bestellung vom ...

Beispiel Einleitung:
- Sehr geehrter Herr Berger,
- Ich interessiere mich für ...
- Mit großem Interesse habe ich Ihre Anzeige im Internet gelesen ...

Beispiel Schluss:
- Ich würde mich freuen, wenn Sie mir bald antworten könnten.

Schritt 5: Text auf den Antwortbogen schreiben

Schreiben Sie mithilfe der Stichwörter den Text direkt auf den Antwortbogen. Wenn Sie den Text vorher auf Konzeptpapier schreiben, planen Sie mindestens zehn Minuten Zeit zur Übertragung des Textes auf den Antwortbogen und für letzte Korrekturen ein. Bewertet wird nur der Text auf dem Antwortbogen.
Schreiben Sie zu jedem Inhaltspunkt mehrere Sätze.

Auf Seite 80/81 finden Sie mögliche Redemittel, hilfreichen Wortschatz und einige Tipps, wie Sie Ihren Schreibstil variieren können.

Schritt 6: Text durchlesen und korrigieren

Überprüfen Sie Ihren Text am Ende noch einmal auf die folgenden Punkte und korrigieren Sie ihn, wenn nötig.

- Haben Sie zu mindestens drei Punkten etwas geschrieben?
- Haben Sie die E-Mail in Absätze gegliedert? Ist die E-Mail strukturiert?
- Gibt es eine Einleitung und einen Schlusssatz?
- Haben Sie auch an den Betreff gedacht?
- Stimmt das Register (Sie-Form und Großschreibung Sie, Ihr/e, Ihnen?
- Haben Sie die Sätze sinnvoll miteinander verbunden?
- Haben Sie Wortschatz und Strukturen variiert?
- Ist die Groß- und Kleinschreibung korrekt?
- Sind alle Nomen großgeschrieben?
- Haben Sie an die richtigen Artikel gedacht?
- Stimmen die Verb- und Adjektivformen?
- Haben Sie sauber und leserlich geschrieben? Sind Korrekturen klar zu erkennen?
- Stimmt die Wörterzahl? Etwa 150 Wörter?

Schreiben Sie jetzt den Text zu Aufgabe A oder B (→ Seite 74/75) nach diesen Schritten.

Wenn Sie Aufgabe A oder B bearbeitet haben, sehen Sie sich ein Beispiel für mögliche Stichwörter auf Seite 82 und die Lösungsvorschläge für Aufgabe A oder B auf Seite 83 an. Bevor Sie sich die Lösungsbeispiele ansehen, empfehlen wir die Übungen auf Seite 84/85, in der Sie Texte korrigieren sollen.

Schriftlicher Ausdruck Aufgabe A und B: Mögliche Redemittel und hilfreicher Wortschatz und Tipps zur Verbesserung des Schreibstils

Thema A

Anrede und Einleitung
- Sehr geehrte Damen und Herren,
- Sehr geehrte Frau ..., Sehr geehrter Herr ...,
- Liebe Frau ..., Lieber Herr,
- mit großem Interesse habe ich Ihre Anzeige im Internet / in der XY-Zeitung gelesen
- ich interessiere mich für Ihr Angebot von ...

um Informationen bitten
- Zu Ihrem Angebot / Ihrer Anzeige ... habe ich noch ein paar Fragen.
- Könnten Sie mir bitte mitteilen / erläutern ...
- Weiter interessiert mich, ob ...
- Auch wüsste ich gern, ...
- Ist es auch möglich, dass ...
- Würden/Könnten Sie uns bitte Informationsmaterial zu ... zuschicken?

Schluss
- Ich freue mich auf Ihre (baldige) Antwort.
- Über eine baldige Antwort würde ich mich freuen.
- Für eine Auskunft wären wir Ihnen dankbar.
- Mit freundlichen Grüßen
- Viele Grüße

Thema B

Anrede und Einleitung
- Sehr geehrte Damen und Herren,
- Sehr geehrte Frau ..., Sehr geehrter Herr ...,
- hiermit möchte ich mich über ... beschweren
- mit großer Enttäuschung muss ich Ihnen mitteilen, dass ...

Problem benennen
- Ich muss Ihnen leider mitteilen, dass ...
- Leider musste ich feststellen, dass ...
- Es gibt ein Problem mit ... / Es gab die folgenden Probleme ...
- Der/Die/Das funktioniert ... nicht richtig.
- Ihre Lieferung war unvollständig/ fehlerhaft / mit Mängeln behaftet
- Ich habe den/das/die ... erst vor ... gekauft. Ich habe also noch Garantie.

sich beschweren / Enttäuschung ausdrücken
- Leider bin ich mit ... (sehr) unzufrieden / von Ihrem Service (sehr) enttäuscht.
- Über ... habe ich mich (sehr) geärgert.
- Nach dem Lesen Ihrer Anzeige habe ich eigentlich erwartet, ...
- Umso enttäuschter war ich, dass/als ...
- Meine Hoffnung war, / Ich habe gehofft, dass ...
- Das von uns gebuchte Hotel entsprach nicht meinen Erwartungen.

etwas vorschlagen / etwas fordern
- Ich erwarte ...
- Ich erwarte, dass Sie die fehlenden Artikel bis zum ... liefern / dass Sie die fehlerhaft gelieferten Artikel bis zum ... nachliefern/austauschen/...
- Ich bitte Sie, die Waren innerhalb der nächsten drei Tage / Woche / ... abzuholen/auszutauschen/...
- Bitte holen Sie ... ab / tauschen Sie ... aus.
- Ich bitte um Rückerstattung.
- Bitte nennen Sie einen verbindlichen Termin, an dem...

Schluss

- Über eine baldige Antwort/Rückmeldung würde ich mich freuen.
- Ich erwarte Ihre Antwort bis zum ...
- Ich bitte um Antwort innerhalb von ...
- Bitte antworten Sie innerhalb der nächsten Tage.
- In Erwartung ihrer baldigen Antwort ...
- Bei Nichtreagieren Ihrerseits sehe ich mich gezwungen, mich mit einem Rechtsanwalt in Verbindung zu setzen / gerichtliche Schritte einzuleiten.
- Ich hoffe auf Ihr Verständnis.
- Mit freundlichen Grüßen

Variationen

1. Variieren Sie die Satzanfänge.

Es liest sich nicht sehr schön, wenn zu viele Sätze mit demselben Wort, z. B. mit *ich* beginnen, z. B.:

(1) Ich interessiere mich für die Arbeit der Nachbarschaftshilfe.
(2) Ich finde es auch wichtig, dass sich Menschen im Stadtteil gegenseitig unterstützen.

Sie können aber auch einfach alternativ die Satzglieder anders anordnen:

(1) Ich interessiere mich für die Arbeit der Nachbarschaftshilfe.
(2) Auch finde ich es wichtig, dass sich Menschen im Stadtteil gegenseitig unterstützen.

Variieren Sie Satzanfänge und Satzverbindungen!

2. Benutzen Sie unterschiedliche Konnektoren, um Sätze zu verbinden: *deshalb, deswegen, aus diesem Grund, trotzdem, dennoch – weil, da, damit, wenn, obwohl ...*

(1 + 2) Ich interessiere mich für die Arbeit der Nachbarschaftshilfe, da ich es sehr wichtig finde, dass sich Menschen im Stadtteil gegenseitig unterstützen.

3. Weitere Variationen als Alternative zu *und*.

Außerdem ... / Ebenfalls ... / Auch ... / Dazu kommt noch, dass ... / Ebenso ... / Zusätzlich ... / zum einen ..., zum anderen ... / auf der einen Seite ..., auf der anderen Seite ... / einerseits ..., andererseits ... / nicht nur ..., sondern auch / sowohl ... als auch / ...

Wenn Sie beim Durchlesen Ihres Texts bemerken, dass sich verschiedene Nomen oder Verben immer wiederholen, versuchen Sie, Synonyme oder Umschreibungen zu finden, z. B.:

- Ich bin der **Meinung**, dass ... → Ich bin der **Auffassung**, dass ...
- Es ist auch **wichtig** ... → Es ist auch **von Bedeutung** ...
- Weiter **interessiert mich** ... → Weiter **würde ich gern wissen/erfahren** ...
  Ich **frage mich** auch ... → Ich **stelle mir** auch die **Frage** ...
- Das hat **mich** auch sehr **geärgert**. → Das **fand ich** auch sehr **unangenehm/unerfreulich**.

4. Teilen Sie Ihren Text in verschiedene Absätze.

Absätze gliedern den Text und machen das Lesen einfacher.

Schriftlicher Ausdruck Aufgabe A und B: Lösungsbeispiele

Beispiel für Stichwörter

Aufgabe A

1 Beschreiben Sie, welche Hilfe Sie benötigen.

Hausaufgabenhilfe für Paolo in Deutsch und Englisch, mündlich und schriftlich

2 Legen Sie dar, was Sie anbieten könnten.

Gartenarbeit, Hilfe bei Renovierung, Streichen / Tapezieren

3 Bitten Sie um eine Erläuterung, wie der Austausch von Hilfen genau funktioniert.

Wie Hilfen vergleichen? Wie kommen Angebot an Hilfen und Wunsch nach Hilfen zusammen?, z. B. Hausaufgabehilfe und Hilfe beim Renovieren?

4 Fragen Sie nach weiteren Einzelheiten.

Treffen wann / wie

Aufgabe B

1 Legen Sie dar, weshalb Sie unzufrieden sind.

Jeans bestellt, bezahlt, nach 8 Wochen nicht gekommen, trotz Mahnung

2 Beschreiben Sie Ihre Erwartungen nach der Lektüre der Werbeanzeige.

von Angebot begeistert, vor allem schnelle Lieferung garantiert, jetzt enttäuscht

3 Erklären Sie, was Sie nun von der Firma erwarten.

schnelle Lieferung, Termin (!), oder Geld zurück

4 Beschreiben Sie, was Sie tun, falls es keine zufriedenstellende Lösung gibt.

mit Rechtsanwalt in Verbindung setzen / gerichtliche Schritte einleiten (?)

Schriftlicher Ausdruck Aufgabe A und B: Lösungsvorschlag

Es gibt viele gute Lösungsmöglichkeiten, hier sehen Sie für jede Aufgabe nur eine davon.

Aufgabe A (Bitte um Informationen)

Betreff: Bitte um Informationen

Sehr geehrter Herr Berger,
mit großem Interesse habe ich Ihre Anzeige im Internet gelesen. Ich finde das Projekt einer Nachbarschaftshilfe hier im Stadtteil eine großartige Idee, nicht nur, um sich gegenseitig zu helfen, sondern auch, um einander kennenzulernen. Was ich brauche, ist eine Hausaufgabenhilfe für Paolo, meinen Sohn, in Deutsch und Englisch. Er ist zwölf Jahre alt und geht in die 6. Klasse der Arndtschule. Ich persönlich könnte jede Form von Gartenarbeit oder leichte Renovierungsarbeiten wie Hilfe beim Streichen oder Tapezieren anbieten.
Zu Ihrer Anzeige habe ich noch ein paar Fragen. Mir ist noch nicht klar geworden, wie der Austausch von Hilfen genau funktioniert. Einerseits frage ich mich, wie man Hilfen miteinander vergleichen kann, auf der anderen Seite ist mir nicht klar, wie ein bestimmtes Hilfsangebot die Person findet, die diese Hilfe auch benötigt. In meinem Beispiel wäre es ja Zufall, wenn jemand, der meinem Sohn in Deutsch hilft, gerade auch das braucht, was ich anbieten kann, nämlich Hilfe beim Renovieren.
Auch wenn es im Moment niemanden geben sollte, der Hausaufgabenhilfe in Deutsch und Englisch anbietet, möchte ich auf jeden Fall bei der Nachbarschaftshilfe mitmachen, da ich das Projekt wichtig finde. Ist es möglich, einen Termin auszumachen, um uns persönlich kennenzulernen? Wann ist bei Ihnen im Büro jemand erreichbar?
Ich freue mich auf Ihre Antwort, viele Grüße

Aufgabe B (Beschwerde)

Betreff: Meine Bestellung vom 20. Januar

Sehr geehrte Damen und Herren,
am 20. Januar habe ich bei Ihnen eine Jeans Marke Nashville Bestellnummer XY23000 bestellt und auch sofort bezahlt, wobei ich vom Kaufpreis den von Ihnen angebotenen Bonus von 10 € bei sofortiger Bezahlung abgezogen habe. Bis heute, den 20. März, sind die Jeans allerdings immer noch nicht eingetroffen, obwohl ich Sie bereits am 10. März in dieser Angelegenheit gemahnt habe.
Nach Lesen Ihrer Anzeige im Internet war ich von Ihrem Angebot begeistert. Außerdem konnte ich davon ausgehen, dass Sie innerhalb von 14 Tagen liefern würden, was Sie in Ihrer Anzeige klar und deutlich garantiert haben. Umso enttäuschter war ich, dass trotz Mahnung meinerseits die Jeans noch nicht geliefert worden sind und Sie überhaupt nicht reagierten.
Ich erwarte, dass Sie die Jeans bis zum 31. März liefern, ansonsten zahlen Sie mir bitte den von mir bereits beglichenen Betrag von 59,90 € unverzüglich zurück.
Bei Nichtreagieren Ihrerseits sehe ich mich gezwungen, mich mit einem Rechtsanwalt in Verbindung zu setzen und gegebenenfalls gerichtliche Schritte einzuleiten.
Ich hoffe auf Ihr Verständnis.
Mit freundlichen Grüßen

Übungen

Die folgenden Übungen helfen Ihnen, sich auf den Prüfungsteil Schriftlicher Ausdruck vorzubereiten.
Hier finden Sie Beispiele für die Schreibaufträge aus dem Modelltest 1. Doch auch, wenn die Sätze in diesen E-Mails gut verständlich und auch grammatikalisch und orthografisch korrekt sind, haben beide Texte Lücken und Schwächen. Die Sätze stehen einzeln nacheinander, sind kaum miteinander verbunden, der Wortschatz ist wenig differenziert.

Übung zu Schriftlicher Ausdruck, Aufgabe A

Lesen Sie die E-Mail und korrigieren Sie dann den Text. Verwenden Sie Nebensätze, passende Satzverbindungen und differenzierten Wortschatz. Schreiben Sie dann den Text neu in Ihr Heft und vergleichen Sie ihn mit dem Lösungsvorschlag auf Seite 83.

Betreff: Informationen

Sehr geehrter Herr Berger,

Ihre Anzeige im Internet finde ich sehr interessant. Ich finde das Projekt einer Nachbarschaftshilfe hier im Stadtteil eine gute Idee. Man kann sich helfen. Man kann sich kennenlernen. Ich brauche eine Hausaufgabenhilfe für Paolo, meinen Sohn, in Deutsch und Englisch. Mein Sohn ist zwölf Jahre alt und er geht in die 6. Klasse in der Arndtschule.
Ich persönlich kann alle Gartenarbeiten anbieten. Ich kann auch leichte Hilfe beim Renovieren anbieten, beim Streichen oder Tapezieren.
Ich habe noch ein paar Fragen zu Ihrer Anzeige. Wie funktioniert der Austausch von Hilfen genau? Wie kann man Hilfen vergleichen? Wie findet ein Angebot die Person, die das Angebot braucht? Das ist mir nicht klar. Bei mir würde das bedeuten, wenn ich jemanden finde, der meinem Sohn in Deutsch hilft, braucht diese Person dann auch das, was ich anbieten kann: Hilfe beim Renovieren? Das wäre Zufall.
Ich will auf jeden Fall bei der Nachbarschaftshilfe mitmachen. Das Projekt finde ich sehr wichtig. Auch wenn es im Moment niemanden gibt, der Hausaufgabenhilfe in Deutsch und Englisch anbietet. Können wir einen Termin ausmachen und uns persönlich kennenlernen? Wann ist bei Ihnen im Büro jemand?
Ich freue mich auf Ihre Antwort.

Viele Grüße

Betreff: Bitte um Informationen

Sehr geehrter Herr Berger,
mit großem Interesse habe ich Ihre Anzeige im Internet gelesen. Ich finde das Projekt einer Nachbarschaftshilfe hier im Stadtteil eine großartige Idee, ...

Übung zu Schriftlicher Ausdruck, Aufgabe B

Lesen Sie den Text und korrigieren Sie dann den Text. Verwenden Sie Nebensätze, passende Satzverbindungen und differenzierten Wortschatz. Schreiben Sie dann den Text neu in Ihr Heft und vergleichen Sie ihn mit dem Lösungsvorschlag auf Seite 83.

Betreff: Meine Bestellung

Sehr geehrte Damen und Herren,

ich habe am 20. Januar bei Ihnen eine Jeans Marke Nashville Bestellnummer XY23000 bestellt, sofort bezahlt und 10 € abgezogen, weil ich sofort bezahlt habe. Sie haben diesen Bonus ja in Ihrer Anzeige angeboten. Die Jeans ist bis heute, 20. März, immer noch nicht gekommen. Ich hatte am 10. März schon eine Mahnung geschrieben (!).
Ich war begeistert von Ihrem Angebot. Sie haben ja auch garantiert, dass Sie innerhalb von 14 Tagen liefern würden. Ich habe dann auch eine Mahnung geschrieben. Sie haben die Jeans nicht geliefert und gar nicht reagiert. Ich bin also wirklich sehr enttäuscht.
Bitte liefern Sie die Jeans spätestens bis zum 31. März. Wenn nicht, möchte ich mein Geld zurück. Und das bitte schnell. Es waren 59,90 €.
Wenn ich nichts von Ihnen höre, werde ich zu meinem Anwalt gehen. Wenn nichts geschieht, gehen wir dann vielleicht auch vor Gericht.
Ich hoffe auf Ihr Verständnis.

Mit freundlichen Grüßen

Betreff: Meine Bestellung vom 20. Januar

Sehr geehrte Damen und Herren,
am 20. Januar habe ich bei Ihnen eine Jeans Marke Nashville Bestellnummer XY23000 bestellt und auch sofort bezahlt, wobei ich vom Kaufpreis ...

Übungen zum Wortschatz

Die Lösungen zu diesen Übungen finden Sie auf S. 159.

1 Um Informationen bitten. Welches Wort passt? Ergänzen Sie.

Frist – Frage – Garantie – Interesse – Umbuchung – Angebot – Informationen – Rücksendung – Eigenschaften – Rechnung

1. Ihre Anzeige habe ich mit großem ____________ gelesen.
2. Ich interessiere mich sehr für Ihr ____________ .
3. Allerdings benötige ich noch einige ____________ .
4. Könnten Sie mir noch Details zu den technischen ____________ des Geräts mitteilen?
5. Wie lange ist die ____________ für das Gerät?
6. Weiter habe ich eine ____________ zu den Zahlungsmöglichkeiten.
7. Kann ich auch auf ____________ bezahlen?
8. Ist bei Nichtgefallen der Ware auch eine kostenlose ____________ möglich?
9. Ist bei Nichtgefallen des Zimmers auch eine ____________ möglich?
10. Kann ich die Ware umtauschen und wenn ja, wie lange ist die ____________ ?

2 Sich beschweren. Wie heißen die Nomen? Schreiben Sie.

1. sich beschweren — *die Beschwerde*
2. reklamieren — ____________
3. liefern — ____________
4. zustellen — ____________
5. enttäuschen — ____________
6. fordern — ____________
7. klagen — ____________

3 Wie heißen die Verben? Schreiben Sie.

1. ____________ — die Garantie
2. ____________ — die Erwartung
3. (sich) ____________ — der Streit
4. (sich) ____________ — die Einigung
5. ____________ — die Lösung
6. ____________ — die Korrektur
7. ____________ — die Rückerstattung

4 a **Was passt? Ordnen Sie zu.**

1 Unzufriedenheit zum Ausdruck	a finden
2 den Erwartungen nicht	b setzen
3 sich in Verbindung	c stornieren
4 einer baldigen Antwort	d bringen
5 eine Lösung	e ergreifen
6 Maßnahmen	f zurücktreten
7 Mängel	g entgegensehen
8 Kosten	h rückerstatten
9 eine Bestellung	i entsprechen
10 vom Kauf	j beheben
11 eine Klage	k einreichen

4 b **Ergänzen Sie die Sätze mit Wörtern aus 4 a. Achten Sie auf die richtigen Verbformen.**

1 Hiermit möchte ich meine Unzufriedenheit über Ihren Service zum Ausdruck ____________________ .

2 Die bei Ihnen gebuchte Reise ____________________ überhaupt nicht meinen Erwartungen.

3 Ich bitte Sie, mir 20 % der gezahlten Kosten ____________________ .

4 Da die Waren trotz mehrfacher Mahnung immer noch nicht eingetroffen sind, möchte ich vom Kauf ____________________ .

5 Da die Jeans immer noch nicht angekommen ist, möchte ich meine Bestellung ____________________ .

6 Leider muss ich mich wiederholt an Sie wenden, da die Mängel an den von Ihnen gelieferten Produkten immer noch nicht ____________________ sind.

7 Sollten wir keine Lösung ____________________ , sehe ich mich gezwungen, mich mit einem Anwalt in Verbindung zu ____________________ .

8 Er wird dann die notwendigen Maßnahmen ____________________ .

9 Sollte eine Einigung nicht möglich sein, werden wir vor Gericht Klage ____________________ .

10 Einer baldigen Antwort ____________________ ich mit Interesse ____________________ .

11 Bei Verzögerungen bitte ich Sie, sich zeitnah mit uns in Verbindung zu ____________________ .

Mündlicher Ausdruck

Übersicht und Ablauf

Der Prüfungsteil Mündlicher Ausdruck wird von zwei Prüfenden mit zwei Prüfungsteilnehmenden durchgeführt. In seltenen Fällen können auch drei Personen geprüft werden, wenn die zu prüfende Gruppe eine ungerade Teilnehmerzahl hat.

Die mündliche Prüfung dauert in der Regel **ca. 15 Minuten**, bei drei Teilnehmenden **ca. 25 Minuten**. Vor der Prüfung haben Sie 20 Minuten Zeit, sich auf diesen Prüfungsteil vorzubereiten.

Die mündliche Prüfung hat drei Teile.

Teil 0: Einander kennenlernen

Vor der eigentlichen Prüfung stellt sich eine/r der Prüfenden kurz vor und bittet die Teilnehmenden, sich ebenfalls gegenseitig kurz vorzustellen, etwas über sich zu erzählen, warum sie Deutsch lernen, welche Interessen sie haben usw.
Dieses Kennenlerngespräch dauert nicht länger als eine Minute und wird nicht bewertet. Bereiten Sie sich trotzdem darauf vor, um einen guten Start zu haben. Zwei bis drei Sätze zur Vorstellung reichen aus.

Teil 1: Über Erfahrungen sprechen

Zeit: ca. fünf Minuten für beide Teilnehmerinnen/Teilnehmer

Sie und Ihre Gesprächspartnerin / Ihr Gesprächspartner bekommen dasselbe Aufgabenblatt mit sieben Themen, aus denen Sie jeweils ein Thema auswählen. Dieses Aufgabenblatt ist in allen telc B2-Prüfungen das gleiche, d. h. Sie können sich auf diesen Prüfungsteil bereits zu Hause vorbereiten.

Sie sollen einen kurzen Vortrag über Ihr Thema halten (ca. 1 ½ Min.). Ihre Gesprächspartnerin / Ihr Gesprächspartner stellt Ihnen anschließend dazu eine oder zwei Fragen. Danach spricht Ihre Gesprächspartnerin / Ihr Gesprächspartner über ihr/sein Thema und Sie stellen Fragen zu dem gehörten Vortrag.

Teil 2: Diskussion über ein Thema / eine Fragestellung führen

Zeit: ca. fünf Minuten für beide Teilnehmerinnen/Teilnehmer

Teilnehmerin/Teilnehmer A und B erhalten das gleiche Aufgabenblatt mit kurzem Inputtext und einer aktuellen Fragestellung. Ausgehend vom Inhalt dieses Textes und den dort dargestellten Positionen zu dem Thema sollen Sie mit Ihrer Gesprächspartnerin / Ihrem Gesprächspartner darüber diskutieren.

Teil 3: Gemeinsam etwas planen

Zeit: ca. fünf Minuten für beide Teilnehmerinnen/Teilnehmer

Teilnehmerin/Teilnehmer A und B erhalten das gleiche Aufgabenblatt mit einer Situationsbeschreibung.

Sie sollen gemeinsam mit Ihrer Gesprächspartnerin / Ihrem Gesprächspartner etwas organisieren. Es handelt sich um einfache, alltägliche Situationen, z. B. eine Feier, eine Veranstaltung, ein Event. Sie sollen Vorschläge machen, auf die Vorschläge des/der Anderen reagieren und zu einem gemeinsamen Ergebnis kommen.

Punkte

Informationen zu den Bewertungskriterien, siehe S. 91.

Im Prüfungsteil Mündlicher Ausdruck können Sie für jeden Teil 25 Punkte erreichen, insgesamt also **75 Punkte**.
Das Ergebnis dieses Prüfungsteils geht mit 25 % in die Gesamtbewertung der Prüfung ein.

! Gesamtpunktezahl telc B2: **300 Punkte**; Prüfungsteil Mündlicher Ausdruck 75 Punkte = 25 %; siehe auch Seite 8 Bewertung der telc Prüfung Deutsch B2.

Prüfungsmaterial

Zum Prüfungsteil Mündlicher Ausdruck erhalten Sie die **Aufgabenblätter** mit den Aufgaben und gestempeltes Konzeptpapier (für Notizen). In der Vorbereitungszeit dürfen Sie darauf Notizen machen.

In der Vorbereitung und in der Prüfung dürfen Sie keine Hilfsmittel wie Wörterbücher oder Mobiltelefone oder auch persönliche Aufzeichnungen benutzen. Die Notizen, die Sie in der Vorbereitungszeit auf dem gestempelten Notizpapier gemacht haben, dürfen Sie in die Prüfung mitnehmen.

Hinweise

In der Prüfung

- Lesen Sie während der Vorbereitungszeit genau die Aufgabenblätter und bei Teil 3 auch die Situation. Notieren Sie hilfreiche Stichwörter, aber keine ganzen Sätze.
- Sprechen Sie langsam, ruhig und deutlich. Lesen Sie nicht ab, sondern sprechen Sie frei.
- Verwenden Sie komplexe Satzstrukturen, Nebensätze, Konnektoren und abwechslungsreichen Wortschatz.
- Sprechen Sie mit Ihrer Gesprächspartnerin / Ihrem Gesprächspartner und nicht mit der Prüferin / dem Prüfer. Führen Sie ein lebendiges Gespräch.
- Es ist kein Problem, wenn Ihnen ein Wort nicht einfällt. Wiederholen Sie, was Sie gerade gesagt haben, um Zeit zu gewinnen: „Ich möchte noch einmal sagen, dass ..." Sagen Sie, dass Ihnen das Wort nicht einfällt: „Tut mir leid. Mir fällt das richtige Wort nicht ein ..."
- Ihre Gesprächspartnerin / Ihr Gesprächspartner redet sehr viel und lässt Sie nicht zu Wort kommen. Sprechen Sie es direkt an: „Moment bitte, darf ich dazu auch etwas sagen?" / „Darf ich bitte ausreden?"
- Wenn Ihre Gesprächspartnerin / Ihr Gesprächspartner nicht weiterweiß oder nichts sagt, stellen Sie ihr/ihm eine Frage, wie „Meinst du / Meinen Sie vielleicht, dass ...?" – „Was hältst du / halten Sie davon, wenn ...?
- Fragen Sie nach, wenn Sie etwas nicht verstehen: „Das habe ich nicht verstanden. Wie meinst du / meinen Sie das?" – „Kannst du / Können Sie das bitte wiederholen?"
- Im Prüfungsteil Mündlicher Ausdruck ist Kommunikation wichtig. Sprechen Sie klar und verständlich und haben Sie keine Angst, Fehler zu machen.

Vorbereitung auf die Prüfung

Wenn Sie sich auf die Prüfung vorbereiten, sollten Sie wie in der Prüfung arbeiten:

- Üben Sie die Aussprache und Anwendung von typischen Redemitteln.
- Benutzen Sie kein Wörterbuch, Mobiltelefon oder andere Hilfsmittel.
- Halten Sie die vorgegebenen Zeiten ein und üben Sie am besten zu zweit oder in der Gruppe.
- Bereiten Sie sich zu Hause bereits auf den Prüfungsteil 1 „Über Erfahrungen sprechen" vor (→ Seite 93).

Das Training im Buch

1. Lesen Sie das Aufgabenblatt zum Teil 1 Mündlicher Ausdruck (→ Seite 93) sowie die Lösungsschritte (→ Seite 94/95).
3. Danach bearbeiten Sie Teil 1 Prüfungsteil Mündlicher Ausdruck (→ Seite 93).
4. So bearbeiten Sie auch Teil 2 und 3.
5. Machen Sie auch die Übungen zum Prüfungsteil Mündlicher Ausdruck ab Seite 108.

Bewertungskriterien

Der Prüfungsteil Mündlicher Ausdruck wird nach den folgenden Kriterien bewertet.

Ausdrucksfähigkeit

- Stimmt der Inhalt, d. h. werden die Vorgaben aus der Aufgabe richtig umgesetzt?
- Werden die in der Aufgabe vorgegebenen Sprachfunktionen (z. B. etwas zusammenfassen, etwas beschreiben, die eigene Meinung äußern, Argumente anführen/austauschen, sich einigen) angemessen erfüllt?
- Wie differenziert ist Ihr Wortschatz?
- Werden Fragen angemessen gestellt? Und wird auf Fragen adäquat geantwortet?

Aufgabenbewältigung

- Sprechen Sie flüssig? Ist Ihr Sprechtempo angemessen oder machen Sie viele Pausen und geraten immer wieder ins Stocken? Kann man Sie gut verstehen?
- Übernehmen Sie eine aktive Rolle?
- Nehmen Sie einen Standpunkt ein?
- Kommunizieren Sie situations- und partnergerecht (Du- und Sie-Form)?

Formale Richtigkeit

- Verwenden Sie die sprachlichen Formen und Strukturen richtig? Dazu gehören die verschiedenen Verbformen (Modalverben, Passiv, Konjunktiv, Tempus usw.), die korrekte Satzstellung (Nebensatz- und Infinitivkonstruktionen usw.).
- Haben Sie die Sätze oder Satzteile miteinander verbunden und die passenden Konnektoren verwendet?
- Verwenden Sie wechselnde Satzanfänge? Diese sollten nicht immer gleich sein.

Aussprache und Intonation

- Bewertet werden Aussprache, Satzmelodie und Wortakzent. Natürlich müssen Sie nicht akzentfrei sprechen, bewertet wird aber, wie stark Ihre Abweichungen von der gesprochenen Standardsprache sind.

Bei der Bewertung ist wichtig, dass man Sie (trotz eventueller Fehler) versteht. Kleine formale Fehler werden weniger negativ bewertet als Fehler, die das Verständnis stören.

Mündlicher Ausdruck – Teilnehmer/-in A/B/(C)

Teil 0: Einander kennenlernen

Zeit für den gesamten Teil Mündlicher Ausdruck: ca. 15 Minuten

Stellen Sie sich Ihrer Partnerin / Ihrem Partner vor. Sie können z. B. darüber sprechen, warum Sie Deutsch lernen, welche Interessen oder Hobbys Sie haben oder wie Sie sich auf die Prüfung vorbereitet haben usw.

Dieser Teil der Prüfung wird nicht bewertet.

Mündlicher Ausdruck – Teilnehmer/-in A/B/(C)

Teil 1: Über Erfahrungen sprechen

Zeit für den gesamten Teil Mündlicher Ausdruck: ca. 15 Minuten

Sie sollen Ihrer Partnerin bzw. Ihrem Partner über Ihre Erfahrungen zu einem der folgenden Themen berichten. Die Stichpunkte in den Klammern können als Anregung dienen. Sie haben dazu ca. 1 ½ Minuten Zeit. Im Anschluss sollen Sie die Fragen Ihrer Partnerin bzw. Ihres Partners beantworten.

Danach spricht Ihre Partnerin bzw. Ihr Partner ebenfalls über ihr bzw. sein Thema. Folgen Sie aufmerksam dem Redebeitrag und überlegen Sie sich Fragen, die Sie ihr/ihm stellen könnten. Unterbrechen Sie sie/ihn nicht. Stellen Sie einige Fragen zum Thema, wenn sie/er ihren/seinen Redebeitrag beendet hat.

Themen zur Auswahl:

- Ein Buch, das Sie gelesen haben (Thema, Autor, Ihre Meinung usw.)
- Einen Film, den Sie gesehen haben (Thema und Handlung, Schauspieler, Ihre Meinung usw.)
- Eine Reise, die Sie unternommen haben (Ziel, Zeit, Land und Leute, Sehenswürdigkeiten usw.)
- Eine Musikveranstaltung, die Sie besucht haben (Musikrichtung, Musiker, Ort, persönliche Vorlieben usw.)
- Ein Sportereignis, das Sie besucht haben (Sportart, Ort, Personen, Ergebnis usw.)
- Eine Person, die in Ihrem Leben wichtig war (wer, wann, warum wichtig usw.)
- Eine wichtige Erfahrung, die Sie in Ihrem Leben gemacht haben (was, wann, wo, mit wem, warum wichtig usw.)

Mündlicher Ausdruck Teil 1: Schritte zur Lösung

Was sollen Sie tun?

Nach der kurzen gegenseitigen Vorstellung zu Beginn der Prüfung, die nicht bewertet wird, beginnt der erste Teil des Prüfungsteils Mündlicher Ausdruck. Sie sollen über eigene Erfahrungen berichten und in diesem Zusammenhang einen kurzen Vortrag zu einem Thema halten. Alle Themen stammen aus Ihrem Erfahrungsbereich. Aus diesen Themen sollen Sie eins auswählen.

Sie haben ca. 1½ Minuten für Ihre Präsentation. Nach Ihrem Vortrag stellt Ihre Gesprächspartnerin / Ihr Gesprächspartner Ihnen ein bis zwei Fragen, die Sie beantworten.
Danach ist Ihre Gesprächspartnerin / Ihr Gesprächspartner an der Reihe und beginnt mit ihrem/seinem Vortrag. Hören Sie genau zu, jetzt müssen Sie Fragen zu diesem Vortrag stellen (Beispiele siehe Schritt 5).

Zeit für diesen Prüfungsteil: ca. fünf Minuten

Schritt 0: Vorbereitung zu Hause

Das Aufgabenblatt mit den Themen ist in allen Prüfungen gleich, Sie können sich also vor der Prüfung schon zu Hause darauf vorbereiten. Wählen Sie ein Thema aus, das Sie interessiert, zu dem Sie über ausreichend Wortschatz auf Deutsch verfügen. Achten Sie darauf, dass Ihr Wortschatz differenziert ist. Wenn Sie über ein Buch, das Sie gelesen haben, sprechen wollen, benutzen Sie nicht nur Adjektive wie *toll*, *interessant*, sondern z. B. *außergewöhnlich*, *überraschend*. Machen Sie sich Notizen, gliedern Sie Ihren Vortrag in mehrere Punkte.
Überlegen Sie sich auch, welche Fragen der/die andere Prüfungsteilnehmende an Sie stellen könnte.

Die Aufzeichnungen, die Sie sich zu Hause gemacht haben, dürfen Sie nicht in die Prüfung mitnehmen.
Lernen Sie Ihren Vortrag aber nicht auswendig. In der Prüfung sollen Sie keine auswendig gelernten Sätze aufsagen, sondern frei sprechen. Überlegen Sie sich, wie Sie Ihren Vortrag gliedern und denken Sie an die Zeit.

Hilfreiche Redemittel finden Sie auf Seite 96–99.

Schritt 1: Während der Vorbereitungszeit in der Prüfung Notizen machen

Da Sie sich zu Hause schon auf Ihr Thema vorbereitet haben, erinnern Sie sich daran, was Sie zu Ihrem Thema erzählen wollen und machen Sie Notizen. Dafür bekommen Sie gestempeltes Notizpapier, das Sie in die Prüfung mitnehmen können. Gliedern Sie Ihre Notizen in eine Einleitung und mehrere logisch aufeinander folgende Punkte.

Schritt 2: In der Prüfung in das Thema einleiten

Leiten Sie ihr Thema ein. Worüber wollen Sie sprechen? Weshalb haben Sie dieses Thema gewählt? Was sind Ihre persönlichen Erfahrungen mit diesem Thema?

Schritt 3: Das Thema strukturiert frei präsentieren

Zur Strukturierung Ihres Vortrags helfen die Stichpunkte, die in Klammern bei den Themen angegeben sind. Gehen Sie immer auf ihre persönlichen Erfahrungen mit dem gewählten Thema ein. Benutzen Sie differenzierten Wortschatz und komplexe Satzstrukturen (Nebensätze, Konnektoren).

Denken Sie an die Zeit. Sie haben ca. 1 ½ Minuten für Ihren Vortrag.

Schritt 4: Mit einem passenden Schlusssatz beenden

Beenden Sie Ihren Kurzvortrag mit einem passenden Satz, z. B. *Ich hoffe, ich konnte Sie für den Film, den ich vorgestellt habe, interessieren. / Ich kann nur empfehlen, dieses Buch zu lesen.*

Schritt 5: Auf Fragen Ihrer Gesprächspartnerin / Ihres Gesprächspartners (TN B) antworten

Nach der Präsentation bedankt sich die/der Prüfende für den Vortrag und fordert Ihre Gesprächspartnerin / Ihren Gesprächspartner (TN B) auf, Anschlussfragen an Sie zu stellen. Während Ihres Vortrags hat TN B Ihnen genau zugehört, evtl. Notizen gemacht und stellt jetzt eine oder zwei Fragen.

Beispiele zu diesen Fragen könnten z. B. sein:
- zu dem Thema „Eine Reise, die Sie unternommen haben“: *Warst du schon öfters in dieser Stadt?*

oder
- zu dem Thema „Ein Buch, das Sie gelesen haben“: *Mich würde noch interessieren, ob der Autor deines vorgestellten Romans noch andere interessante Erzählungen geschrieben hat.*

Antworten Sie kurz.

Im Prüfungsteil Sprechen ist Kommunikation wichtig. Sprechen Sie klar und verständlich, haben Sie keine Angst, Fehler zu machen.

Schritt 6: Rollentausch: dem Vortrag Ihrer Gesprächspartnerin / Ihres Gesprächspartners genau zuhören und nach dem Vortrag eine oder zwei Fragen stellen

Nun tauschen Sie (TN A) mit Ihrer Gesprächspartnerin / Ihrem Gesprächspartner (TN B) die Rollen und TN B hält einen Vortrag zu einem Thema von dem Aufgabenblatt. Anschließend stellen Sie (TN A) Ihrer Gesprächspartnerin / Ihrem Gesprächspartner (TN B) dazu Fragen.

Mündlicher Ausdruck Teil 1: hilfreiche Redemittel und Stichpunkte zu diesem Prüfungsteil (Präsentation)

Die folgenden Redemittel und wichtigen Wörter/Stichpunkte zu den Themen dieses Prüfungsteils können bei der Präsentation helfen.

Allgemeine Redemittel für die Präsentation

in das Thema einleiten
- Mein Thema ist ... / Ich möchte gern über ... sprechen, weil ...
- Ich möchte von ...... berichten, das mich sehr beeindruckt hat.
- ...

über Erfahrungen sprechen
- Ich habe die Erfahrung gemacht, dass ...
- Aus meiner eigenen Erfahrung kann ich sagen, dass ...
- Ich habe Folgendes erlebt: ...

das Thema gliedern
- Zuerst werde ich ...
- Danach ..., weiter ...
- Zum Schluss/abschließend ...

den Vortrag beenden
- Hiermit komme ich zum Schluss.
- Abschließend möchte ich noch sagen, dass ...
- Zusammenfassend möchte ich bemerken, dass ...
- Das ist alles, was ich zu diesem Thema sagen wollte. Haben Sie Fragen?

Wichtige Wörter/Stichpunkte sowie Redemittel zu den einzelnen Themen des Aufgabenblatts

- Ein Buch, das Sie gelesen haben (Thema, Autor, Ihre Meinung usw.)

Stichwörter:
Roman, Krimi, historischer Roman, Liebesroman, Fantasyroman, Science-Fiction-Roman, Gedichte, Lyrik, Sachbuch, Autobiografie, Reiseroman, Titel

Redemittel:
- Der Autor / Die Autorin heißt ... / ist sehr bekannt / ist noch unbekannt.
- Der Schriftsteller / Die Schriftstellerin ist weltweit bekannt.
- Das Buch wurde in viele Sprachen übersetzt / wurde verfilmt.
- Das Buch handelt von ...
- Kurz zusammengefasst geht es um ...
- Thema des Buches ist ...
- Die Geschichte / Die Erzählung spielt in ...
- Die Handlung ist abwechslungsreich.
- Das Buch ist spannend, unterhaltsam, lustig, lehrreich, interessant, empfehlenswert, gut geschrieben.
- Überzeugt hat mich ... / Beeindruckt hat mich ...
- Ich kann das Buch empfehlen, weil ...
- ...

- Einen Film, den Sie gesehen haben (Thema und Handlung, Schauspieler, Ihre Meinung usw.)

Stichwörter:

Krimi, Actionfilm, Thriller, Science-Fiction-Film, Horrorfilm, Western, Animationsfilm, Zeichentrickfilm, Komödie, Naturfilm, Liebesfilm, Dokumentation, Historienfilm, Musikfilm, Kinofilm, Serie (Streaming, Titel, Schauspieler, Regisseur, aus welchem Land?)

Redemittel:
- Der Film handelt von ...
- Kurz zusammengefasst geht es um ...
- Bekannte Schauspieler/Schauspielerinnen in diesem Film sind ...
- Der Film wurde in ... gedreht.
- Der Film ist spannend, unterhaltsam, romantisch, informativ, realistisch, empfehlenswert.
- Überzeugt hat mich ... / Beeindruckt hat mich ...
- Besonders hat mich angesprochen, dass ...
- Ich kann den Film empfehlen, weil ...
- ...

- Eine Reise, die Sie unternommen haben (Ziel, Zeit, Land und Leute, Sehenswürdigkeiten usw.)

Stichwörter:

Wohin: eine Reise ans Meer, eine Reise in die Berge, eine Städtereise, eine Rundfahrt, eine Weltreise;
Wann/Wie lange: im Frühling/Sommer/Herbst/Winter, im Januar/Februar ..., zwei Wochen/ Monate, ein halbes Jahr ...
Verkehrsmittel: Auto, Wohnmobil, Zug, Flugzeug, Schiff, Fahrrad, zu Fuß ...;
Übernachtung: im Hotel, in einer Pension, in einer Jugendherberge, auf dem Campingplatz;
meine persönlichen Erlebnisse: Menschen, Kultur, Wetter

Redemittel:
- Die Reise nach ... war außergewöhnlich, abwechslungsreich, luxuriös.
- Ich bin / Wir sind dort ... geblieben.
- Ich bin / Wir waren mit dem Zug / mit dem Auto unterwegs.
- Der Flug nach ... dauerte ... Stunden.
- Ich habe / Wir haben in einem Hotel / auf einem Campingplatz / ... übernachtet.
- Interessant/Spannend fand ich die Menschen in ... / die andere Kultur in ...
- Ich wollte immer schon in ... Urlaub machen, weil ...
- Ich war schon öfter in ..., weil ...
- Was ist für mich bei Reisen wichtig? (Erholung, etwas Neues sehen, Abenteuer, Nachhaltigkeit (Ökologie) ...
- Wir haben uns gut erholt.
- Es gibt auch Negatives zu berichten.
- Negativ fand ich ...
- Nicht gefallen hat mir der viele Regen / haben mir die vielen Touristen.
- Die folgenden Sehenswürdigkeiten sind empfehlenswert ...
- ...

- Eine Musikveranstaltung, die Sie besucht haben (Musikrichtung, Musiker, Ort, persönliche Vorlieben usw.)

Stichwörter:

Musikveranstaltung; Konzert, Festival, Open-Air;
Musikrichtungen: Jazz, Soul, Blues, Rock, Pop, Hip-Hop, Rap, Reggae, Schlager, Folk, Country, Weltmusik, Punk, Techno, House, elektronische Musik, klassische Musik, Oper;
Musiker: Band, Gruppe, Sänger, Sängerin

Redemittel:
- Ich habe die Veranstaltung (wo? wann?) besucht, weil ich mich sehr für die Musik von ... interessiere.
- Die Stimmung auf dem Festival war sehr gut, alle haben getanzt und mitgesungen.
- Es gab sehr viele Besucher/Besucherinnen.
- Der Eintritt war etwas teuer, aber ...
- Der Eintritt war kostenlos.
- Meine Vorlieben sind ... / Ich interessiere mich vor allem für ...
- Ich kann die Musik von ... nur empfehlen.
- ...

- Ein Sportereignis, das Sie besucht haben (Sportart, Ort, Personen, Ergebnis usw.)

Stichwörter:

Fußball, Handball, Basketball, Eishockey, Marathon, Tennis, Schwimmen, Spiel, Wettkampf, Turnier, Fußballstadion, Sportler/-in, Spieler/-in, Schiedsrichter/-in, Zuschauer/-innen, Mannschaft, Team, Gewinner/-innen, Verlierer/-innen

Redemittel:
- Ich kam auf die Idee, zu diesem Spiel zu gehen, weil ...
- Die Stimmung war super.
- Ich habe mich immer schon für ... interessiert.
- Außerdem treibe ich selbst aktiven Sport.
- Ich bin in einem Sportverein, nämlich ..., aktiv.
- Sport ist für mich sehr wichtig.
- Der Spielausgang war 1 zu 2.
- Der Gewinner war ... / Gewonnen hat ...
- Das Ergebnis war 1 zu 1, also unentschieden.
- ...

- Eine Person, die in Ihrem Leben wichtig war (wer, wann, warum wichtig usw.)

Stichwörter:

eine Person aus dem Familien- und Bekanntenkreis, ein guter Freund, eine gute Freundin, jemand aus Schule, Ausbildung

Redemittel:
- Die Person hat mich positiv beeinflusst, hat mir geholfen bei ...
- Sie ist ein Vorbild für mich, weil ...
- ...

- Eine wichtige Erfahrung, die Sie in Ihrem Leben gemacht haben (was, wann, wo, mit wem, warum wichtig usw.)

Redemittel:
- Sie glauben nicht, was ich erlebt habe.
- Folgendes ist geschehen / hat sich ereignet.
- Diese Erfahrung hat mein Leben entscheidend beeinflusst / verändert.
- Ich hätte nie gedacht, dass so etwas passieren/geschehen würde.
- Seit ich diese Erfahrung gemacht habe, ...
- ...

Variationen

Durch die folgenden Satzanfänge und Konnektoren können Sie Ihre Sätze variieren.

Außerdem ... / Ebenfalls ... / Auch ... / Dazu kommt noch, dass ... / Ebenso ... / Zusätzlich ...
Zum einen ..., zum anderen / Einerseits ..., andererseits ...
nicht nur, ... sondern auch / sowohl ... als auch

Mündlicher Ausdruck – Teilnehmer/-in A/B/(C)

Teil 2: Diskussion

Zeit für den gesamten Teil Mündlicher Ausdruck: ca. 15 Minuten

Lesen Sie den folgenden Text. Diskutieren Sie mit Ihrer Partnerin / Ihrem Partner über den Inhalt des Textes, bringen Sie Ihre Erfahrungen ein und äußern Sie Ihre Meinung. Begründen Sie Ihre Argumente. Sprechen Sie über mögliche Lösungen.

Gehört der autofreien Innenstadt die Zukunft?

In Deutschland wie auch in vielen anderen Ländern wird über autofreie Innenstädte diskutiert und mit diesem Konzept experimentiert. Nicht nur für den Klimaschutz, zur Reduktion von Lärm und Schadstoffen, sondern auch, um Städte lebenswerter zu gestalten. Der Autoverkehr, die ewigen Staus, zugeparkte Straßen und Flächen – all das führt dazu, dass die Menschen immer weniger Platz haben, sich zu bewegen. Untersuchungen in vielen Städten haben gezeigt, dass ca. 60 bis 70 Prozent der Fläche durch fahrende oder stehende Autos belegt ist. Damit die Stadt wieder zum öffentlichen Raum wird, in dem sich Fußgänger ungehindert und sicher aufhalten können, Radfahrer sich sicher bewegen können und auch wieder mehr Platz für Grünflächen und Spielplätze entsteht, soll der Autoverkehr reduziert werden. Das alles führt zu einer höheren Lebensqualität.

Mehrere Umfragen zum Für und Wider einer autofreien Innenstadt zeigen, dass der Wunsch, Autos aus den Städten zurückzudrängen, sehr groß ist. 2/3 aller Befragten wären dafür, ein großer Teil der Befürworter*innen gibt allerdings als Voraussetzung für eine autofreie City an, dass es Ausnahmeregelungen für den Lieferverkehr geben und der öffentliche Nahverkehr ausgebaut werden muss. Außerdem sollte es am Stadtrand genügend Park-and-ride-Möglichkeiten geben.

Gegner der autofreien Innenstadt sehen hier eine Einschränkung persönlicher Freiheit und befürchten negative Auswirkungen auf den Einzelhandel. Kundinnen und Kunden würden wegbleiben, wenn sie nicht mit dem Auto zu den Geschäften fahren könnten. Zur Lebensqualität gehöre auch die Fahrt mit dem eigenen Auto – die Freiheit, sich fortbewegen zu können, wie man möchte.

Demgegenüber führen die Befürworter einer autofreien Innenstadt an, dass dies überhaupt nicht zu belegen sei. Es würde ja bereits überall autofreie Fußgängerzonen geben und diese hätten auch nicht zu einem Umsatzrückgang bei den Geschäften geführt. Es ginge wohl mehr um persönliche Bequemlichkeit und Komfort, auf den viele Autofahrer*innen nicht verzichten wollen, ohne an die Allgemeinheit zu denken.

Mündlicher Ausdruck Teil 2: Schritte zur Lösung

Was sollen Sie tun?

Sie sollen über ein Thema diskutieren, zu dem es kontroverse Meinungen gibt. Grundlage für die Diskussion ist ein Text, den Sie und Ihre Gesprächspartnerin / Ihr Gesprächspartner bekommen. Beide bekommen denselben Text.
Sie sollen Ihre Argumente zu dem vorgegebenen Thema darstellen und begründen, auf die Argumente Ihres Gegenübers reagieren und bei unterschiedlichen Auffassungen am Ende über mögliche Lösungen diskutieren.

Benutzen Sie mindestens die Hälfte der Vorbereitungszeit (zehn Minuten) für die Bearbeitung dieses Textes.

Zeit für diesen Prüfungsteil: ca. fünf Minuten

Schritt 1: Während der Vorbereitungszeit Text lesen, Thema erkennen, wichtige Wörter unterstreichen

Schon in der Überschrift wird deutlich, worum es in diesem Text geht. Unterstreichen Sie wichtige Wörter.

Schritt 2: Während der Vorbereitungszeit Pro- und Contra-Argumente aus dem Text gesondert markieren und in Stichwörtern sammeln

Sie können Textstellen, die für oder gegen die Fragestellung im Text sind, gesondert markieren (+ / –) oder als Stichwörter auf dem Aufgabenblatt oder dem Konzeptpapier auflisten.

Beispiel autofreie Innenstadt:

pro
- Klimaschutz
- Verkehrssicherheit
- lebenswerter öffentlicher Raum
- ...

contra
- Einschränkung persönlicher Freiheit
- negative Auswirkungen für den Einzelhandel.
- ...

Schritt 3: In der Prüfung Textinhalte kurz wiedergeben, eine Diskussion führen, Ihre Meinung sagen und über Ihre eigenen Erfahrungen sprechen

Sie brauchen den Text nicht zusammenzufassen. Ihre Gesprächspartnerin / Ihr Gesprächspartner hat ihn ja auch gelesen. Es reicht aus, wenn Sie das Thema kurz vorstellen und in dem Zusammenhang die Aussagen des Textes zu diesem Thema, die Sie wichtig und interessant finden, wiedergeben:
In dem Text geht es um ... / Der Text handelt von ...
Sagen Sie dann Ihre Meinung zu dem Thema. Gehen Sie dabei auch auf Ihre persönlichen Erfahrungen mit diesem Thema ein.

Nehmen Sie aktiv an dem Gespräch teil.

Dieser Prüfungsteil testet Ihre Fähigkeit, lebendig zu diskutieren. Es es geht nicht darum, Ihre Gesprächspartnerin / Ihren Gesprächspartner von Ihrer Meinung zu überzeugen, sondern darum, Argumente auszutauschen.
Wichtig ist, dass Sie aktiv am Gespräch teilnehmen. Dazu gehört, dem Gegenüber genau zuzuhören und in Ihrer Argumentation auf seine/ihre Meinung einzugehen.

Beantworten Sie eine Frage Ihres Gegenübers nicht nur mit *Ja* oder *Nein*, sondern versuchen Sie, eigene Ideen zu äußern und Argumente zu nennen.
Werden Sie aktiv, wenn Ihr Gegenüber sehr viel redet und Sie nicht zu Wort kommen lässt:
Moment, darf ich dazu auch etwas sagen? / Moment bitte, ich möchte auch einen Vorschlag machen.

Wenn Sie und Ihr Gegenüber in der Diskussion von Anfang an einer Meinung sind und es nach kurzer Zeit keinen Diskussionsstoff mehr gibt, gehen Sie auf die Gegenposition ein und überlegen Sie, wie man andere von Ihrer Position überzeugen könnte:
Es gibt aber auch die Auffassung, ... Wie könnte man hier argumentieren?
Hilfreiche Redemittel finden Sie auf Seite 103.

Im Prüfungsteil Sprechen ist Kommunikation wichtig. Sprechen Sie klar und verständlich, haben Sie keine Angst, Fehler zu machen.

Mündlicher Ausdruck Teil 2: hilfreiche Redemittel für die Diskussion

die eigene Meinung sagen

TN A
- Ich bin der Meinung, dass ...
- Meiner Meinung nach ...
- Ich bin der Auffassung, dass ...
- Ich kann aus meiner eigenen Erfahrung sprechen. ...
- Denn ...
- (Frage an B:) Was meinst du dazu? / Was meinen Sie dazu?

TN B
- Das sehe ich auch so / nicht so / ganz anders.
- Deine/Ihre Argumente finde ich ...
- Außerdem denke ich, dass ...
- Ein weiteres Argument könnte sein, dass ...
- Ich bin allerdings nicht so ganz überzeugt von ...

auf die andere Meinung reagieren

+
- Das sehe ich auch so.
- Das denke ich auch.
- Das Argument finde ich überzeugend.
- Der Meinung bin ich auch. / Ich bin auch dieser Meinung.

+/–
- Das stimmt schon, ich bin mir (allerdings) nicht sicher, ob ...
- Ich bezweifle, dass ...
- Das ist zwar ein wichtiger Punkt, aber ...
- Allerdings sollte man bedenken, dass ...

–
- Hier bin ich anderer Meinung.
- Hier muss ich leider widersprechen.
- Das sehe ich (etwas) anders.
- Davon bin ich nicht überzeugt.
- Diese Auffassung teile ich nicht.
- Ich halte das für problematisch, weil ...

Vor- und Nachteile benennen
- Dieser Vorschlag / Diese Maßnahme hat Vor- und Nachteile.
- Dafür/Dagegen spricht, dass ...
- Ich denke, es ist von Vorteil/Nachteil, dass/wenn ...
- Ein weiteres Argument dafür/dagegen ist, dass ...

Gründe nennen
- Ein wichtiger Grund (für ...) ist, dass ...
- Dafür möchte ich folgende Gründe anführen: ...
- Aus diesem Grund / Folglich / Infolgedessen ...

weitere Punkte anführen
- Man darf auch nicht vergessen, dass ...
- Man sollte auch daran denken, dass ...
- Ein weiterer wichtiger Punkt/Aspekt ist ...
- Darüber hinaus ...
- Es gibt noch einen weiteren Aspekt, auf den ich eingehen möchte.

nachfragen
- Habe ich dich/Sie richtig verstanden?
- In diesem Zusammenhang würde mich noch interessieren ...
- Wäre es auch möglich, dass ...?

Mündlicher Ausdruck – Teilnehmer/-in A/B/(C)

Teil 3: Gemeinsam etwas planen

Zeit für den gesamten Teil Mündlicher Ausdruck: ca. 15 Minuten

Freunde von Ihnen kommen nächstes Wochenende zu Besuch und möchten den Ort, an dem Sie leben, kennenlernen.

Überlegen Sie ein interessantes Besuchsprogramm für die Gruppe und machen Sie Ihrer Partnerin / Ihrem Partner Vorschläge.

Mündlicher Ausdruck Teil 3: Schritte zur Lösung

Was sollen Sie tun?

Dieser Prüfungsteil ist ein Rollenspiel. Sie sollen gemeinsam etwas planen oder organisieren. Dazu erhalten Sie und Ihre Gesprächspartnerin / Ihr Gesprächspartner das gleiche Aufgabenblatt mit einer Situationsbeschreibung. Es handelt sich um alltägliche Situationen (die Planung eines Fests, eines Ausflugs, einer Reise usw.). Sie sollen Vorschläge machen, auf Vorschläge reagieren und gemeinsam etwas organisieren.

Zeit für diesen Prüfungsteil: ca. fünf Minuten.

Schritt 1: Während der Vorbereitungszeit Situationsbeschreibung lesen, Thema erkennen, wichtige Wörter unterstreichen, Notizen machen

Lesen Sie sich während der Vorbereitungszeit die Situationsbeschreibung genau durch. Um Ideen für ein Gespräch und für Vorschläge zu sammeln, können Fragewörter helfen. Was ist Ihre Aufgabe? Was sollen Sie organisieren oder planen? Wann? Wo? Wohin? Wer? Wie? Notieren Sie Ideen für Vorschläge in Stichwörtern.

Schritt 2: In der Prüfung das Gespräch führen

Zu Beginn des Prüfungsgesprächs können Sie die Situation noch einmal kurz zusammenfassen: *Hallo, ... Wir wollen doch über das Besuchsprogramm für unsere Freunde reden, die am Wochenende kommen. Was könnten wir unternehmen? Ich hätte eine Idee ...*
Damit haben Sie einen kommunikativen Einstieg in das Gespräch. Die Diskussion kann beginnen.

Fassen Sie zu Beginn des Gesprächs die Situation noch einmal kurz zusammen. So gewinnen Sie an Sicherheit und haben einen kommunikativen Einstieg in das Gespräch.

Machen Sie Vorschläge und reagieren Sie auf die Vorschläge Ihres Gesprächspartners / Ihrer Gesprächspartnerin.
Beantworten Sie einen Vorschlag Ihres Gegenübers nicht nur mit einem *Ja* oder *Nein*, sondern versuchen Sie, eigene Ideen zu äußern und Argumente zu nennen.
Werden Sie aktiv, wenn Ihr Gegenüber sehr viel redet und Sie nicht zu Wort kommen lässt: *Moment, darf ich dazu auch etwas sagen? / Moment bitte, ich möchte auch einen Vorschlag machen.*
Sprechen Sie immer auch darüber, wer welche Aufgabe übernehmen kann.

Wie auch in den anderen Teilen der mündlichen Prüfung sollen Sie miteinander diskutieren, aufeinander reagieren, das Gespräch so lebendig wie möglich gestalten.

Schritt 3: Sich auf ein gemeinsames Vorgehen einigen

Die Aufgabe dieses Gesprächs besteht darin, sich auf ein Programm / einen Lösungsweg zu diskutieren. Versuchen Sie, Kompromisse zu finden. Wenn dies gelingt, gibt das einen runden Abschluss der Diskussion.

Hilfreiche Redemittel finden Sie auf Seite 107.

Mündlicher Ausdruck Teil 3: hilfreiche Redemittel für die gemeinsame Planung

etwas vorschlagen
- Ich habe eine Idee / einen Vorschlag: ...
- Ich schlage vor, dass ...
- Mein Vorschlag wäre ...
- Wollen wir ...?
- Wir könnten auch ...
- Was hältst du / Was halten Sie davon, wenn ...?
- Wie findest du / finden Sie ...?
- Was meinst du / meinen Sie, wenn ...?
- Vielleicht wäre besser, wenn ...

zustimmen ☺
- Ja, das ist eine gute Idee / ein guter Vorschlag. Dazu könnten wir noch ...
- Das gefällt mir. Wir dürfen aber nicht vergessen ...
- Stimmt!
- Das gefällt mir.
- Das finde ich gut. Weiter finde ich wichtig ...
- Ich bin deiner/Ihrer Meinung. Wir müssen auch noch ...
- Damit bin ich einverstanden. Könnten wir dazu auch noch ...?
- Du hast / Sie haben recht, so machen wir es. Dann ...

Zweifel ausdrücken 😐
- Ich weiß nicht. Vielleicht sollten wir eher ...?
- Vielleicht können wir das so machen, aber ...
- Das ist zwar ein ganz guter / kein schlechter Vorschlag, aber ...
- Ich finde es besser, wenn ...

ablehnen ☹
- Es tut mir leid, aber ich kann dir/Ihnen nicht zustimmen. Besser wäre, wenn ...
- Das finde ich nicht gut. Ich habe eine andere Idee: ...
- Ich bin (ganz) anderer Meinung. Wir sollten ...
- Damit habe ich ein Problem.
- Das kommt nicht infrage, so geht es nicht. Wir müssen auf jeden Fall zuerst ...
- Als Kompromiss schlage ich vor, dass ...

nachfragen
- Habe ich das richtig verstanden?
- Du meinst / Sie meinen ...?
- Du bist der Meinung / Sie sind der Meinung, dass ...?
- Könntest du / Könnten Sie das näher erläutern?

sich einigen
- Wir könnten uns also auf Folgendes einigen: ...
- Einverstanden. Das ist eine gute Lösung.
- So machen wir es.

Übungen

Die Lösungen zu diesen Übungen finden Sie auf Seite 160.

1 Ergänzen Sie. Welches Wort passt? Ergänzen Sie die Verben in der richtigen Form.

zustimmen – berichten – gehen – widersprechen – eingehen – sammeln – darstellen – entsprechen – nehmen – verstehen – überzeugen – spielen

1 Ich möchte gerne etwas von einer wunderschönen Reise, die ich unternommen habe, ____________ .

2 Auf meiner Reise habe ich viele für mein Leben wertvolle Erfahrungen ____________ .

3 Darauf möchte ich im Folgenden ____________ .

4 Eine Person, die für mein Leben eine große Rolle ____________ hat, war mein Bruder.

5 Was er für mich bedeutete, möchte ich jetzt ____________ .

6 Im Buch, das ich gelesen habe, ____________ es um die Zukunft der Innenstädte.

7 Ich möchte zu den folgenden Punkten Stellung ____________ .

8 Habe ich das richtig ____________ ?

9 Dieses Argument ____________ mich nicht.

10 Hiermit bin ich einverstanden. Ich kann dem nur ____________ .

11 Das sehe ich anders. Ich muss leider ____________ .

12 Ich bin mir nicht sicher, ob dieses Argument den Tatsachen ____________ .

2 Diskussionswortschatz – Nomen-Verb-Verbindungen. Was passt? Ordnen Sie zu und notieren Sie die Verbindungen. Manchmal gibt es mehrere Möglichkeiten.

stehen – haben – kommen – machen – nehmen – sammeln – sein – spielen – vertreten – stellen – üben

1 der Meinung/Auffassung
2 die Meinung/Auffassung
3 eine/keine Rolle
4 Stellung
5 Kritik
6 sich die Frage
7 auf dem Standpunkt
8 von Bedeutung
9 Erfahrungen
10 Zweifel
11 einen Vorschlag
12 zu Wort

1 der Meinung ____________

____

____

____

3 **Ergänzen Sie die Dialoge mit den Wörtern aus 2. Achten Sie bei den Verben auf die richtige Form.**

1 ______________ Sie auch der Auffassung, dass man mehr gegen das viele Plastik in der Welt machen sollte?

Ja, sicher. Hier sind ja auch schon zahlreiche Vorschläge ______________ worden.

2 ______________ du der Meinung, dass Handyverbote in den Schulen sinnvoll sind?

Da ______________ ich meine Zweifel. Schließlich ______________ für den Unterricht von großer Bedeutung, dass die Kinder Medienkompetenz erlernen. Und wie soll das gehen, wenn sie kein Handy dabeihaben dürfen?

3 In dem Text, den ich gelesen habe, ______________ die Autoren auf dem Standpunkt, dass es auch in Deutschland ein Tempolimit auf Autobahnen geben muss. Welche Meinung ______________ du in dieser Frage?

Meiner Meinung nach haben sie recht. Allerdings ______________ sich die Frage, wie hoch die Geschwindigkeitsbeschränkung wirklich sein soll.

4 Der Autor ______________ auch noch zu einem anderen Punkt Stellung. So wird behauptet, durch die Zunahme der Elektromobilität ______________ ein Tempolimit auf Autobahnen keine große Rolle mehr, da die Fahrzeuge jetzt umweltfreundlich seien.

Ich finde, man sollte zuerst einmal Erfahrungen damit ______________, wie die Auswirkungen der Elektromobilität auf die Umwelt sein werden.

5 Ich ______________ einen Vorschlag: Wir beginnen unser Besuchsprogramm mit einem Spaziergang durch die Altstadt.

Gute Idee. Wir sollten aber erst die anderen zu Wort ______________ lassen. Sonst wird wieder Kritik ______________, dass nicht alle mitreden durften.

4 Welche Reaktion passt am besten? Kreuzen Sie an.

1 Ich schlage vor, dass wir am Wochenende den Zoo besuchen.

a Davon bin ich überzeugt.
b Ja, das wird allen gefallen.
c Du hast vollkommen recht.

2 Wollen wir uns morgen Abend treffen, um über ein Besuchsprogramm für unsere Freunde zu reden? Hast du Zeit?

a Doch, das geht.
b Ja, warum nicht.
c Der Meinung bin ich auch.

3 Ich schlage vor, dass wir zu Fuß die Stadt besichtigen. Es ist nicht so wichtig, wie das Wetter wird.

a Einverstanden, bei Regen gehen wir dann ins Restaurant.
b Stimmt. Wir können unseren Rundgang ja auch verschieben.
c Ja, das spielt keine Rolle.

4 Das war ein guter Vorschlag,

a Danke schön.
b Gern geschehen.
c Dann machen wir es so.

5 Ich kann dir leider nicht zustimmen.

a Schade.
b Tut mir leid.
c Es war keine Absicht.

6 Wir sollten uns auf einen gemeinsamen Vorschlag einigen.

a Ja, vielleicht finden wir einen Kompromiss.
b Ich weiß nicht, das überzeugt mich nicht.
c Nun, das ist wirklich ein großes Problem.

7 Ich habe das nicht ganz verstanden. Könntest du das näher erläutern?

a Stimmt.
b Richtig.
c Gerne.

8 Findest du es nicht auch toll, dass wir eine Lösung gefunden haben?

a Keine Ahnung.
b Ja, super.
c Nicht so gern.

Modelltest 2

Leseverstehen Teil 1

Vorgeschlagene Arbeitszeit für Leseverstehen Teil 1 – Teil 3: 50–55 Minuten

Lesen Sie zuerst die zehn Überschriften. Lesen Sie dann die fünf Texte und entscheiden Sie, welche Überschrift (a–j) am besten zu welchem Text (1–5) passt.

Tragen Sie Ihre Lösungen in den Antwortbogen bei den Aufgaben 1–5 ein.

a **Immer mehr Tiere werden krank**

b **Gesund durch weniger Konsum**

c **Wolf und Mensch – Aufklärung ist erforderlich**

d Fleischlose Ernährung – Mode oder anhaltender Trend?

e Wölfe in den Wäldern werden immer gefährlicher

f **Weniger Fleisch – mehr Wasser**

g **Mensch und Wolf – seit jeher ein schwieriges Nebeneinander**

h **Wissenschaftler für das Ende der Massentierhaltung**

i *Mensch-Tier-Beziehungen: Harmonie und Einseitigkeit*

j **Hilfe für Tier und Mensch**

1

Auf der diesjährigen Weltwasserwoche in Stockholm wurde wieder über den weltweiten Wasserbedarf diskutiert und darüber, welche Lösungen es für die zunehmende Wasserknappheit in vielen Ländern der Erde geben könnte. In diesem Zusammenhang wurde berechnet, wie der weltweite Wasserverbrauch sich entwickeln würde, wenn wir den immer noch massenhaften Fleischkonsum reduzieren würden und zunehmend ganz auf Fleisch verzichtet würden. Nach diesen Berechnungen würde eine Ernährungsweise, die nur noch zu 5 % Fleisch umfassen würde, dafür sorgen, dass 2050 die Weltbevölkerung gerade noch über ausreichend Wasser verfügen würde, um zu überleben. Die gesamten Stufen der Fleischherstellung gehen dabei in die Berechnungen mit ein, also auch der Wasserbedarf für die Herstellung von Futtermitteln für die Tiere und für die Bewirtschaftung der großen Acker- und Weideflächen, die vor allem in der industriellen Tierhaltung benötigt werden. All dies führt dazu, dass beispielsweise für die Herstellung eines Kilos Rindfleisch über 15.000 Liter Wasser erforderlich sind. Und es muss immer auch berücksichtigt werden, dass die Weltbevölkerung und damit die zunehmende Lust auf Fleischprodukte weiter ansteigt.

2

Auch wenn der Wolf wieder Einzug in die Wälder Deutschlands gehalten hat, kennen die meisten Stadtbewohner ihn nur aus dem Zoo. Wenn er dann in der freien Natur in den Nachrichten zu sehen ist, reagieren viele Menschen sehr emotional.
Was wissen wir eigentlich wirklich über diese Tiere? Mythen und Erzählungen gibt es viele, zum Beispiel über die Figur des Wolfes im Märchen Rotkäppchen. Aber ist der Wolf wirklich so gefährlich? Man könnte den Inhalt dieses Märchens ja auch anders interpretieren, nämlich nicht als Warnung vor dem bösen Wolf, sondern als Hinweis für kleine Kinder: Passt auf, geht nicht mit fremden Menschen mit. Um Konflikte zwischen Wolf und Mensch zu vermeiden, ist Wissensvermittlung nötig.
Auf diesem Gebiet ist der Naturschutzbund Deutschland e. V. (NABU) besonders aktiv. Er setzt sich auch für die Erhaltung geeigneter Lebensräume für Wölfe ein. Dazu hat er einen Aktionsplan Wolf gestartet. Daten über die Wölfe werden gesammelt und dokumentiert, um ein komplexes Bild über das Verhalten und die Lebensweise der Wölfe in Deutschland zu bekommen. Der NABU veröffentlicht unter anderem Hinweise, wie die Menschen reagieren sollen, wenn sie wirklich einmal einem frei laufenden Wolf begegnen sollten, um so auch die Akzeptanz dieser Tiere zu stärken.

3

Mit den Beziehungen zwischen Mensch und Tier beschäftigt sich eine relativ junge Wissenschaft seit ungefähr einem halben Jahrhundert, die Anthrozoologie, besser vielleicht als Human Animal Studies bekannt. Welche Bedeutung haben Tiere für den Menschen und ihr Sozialverhalten? Wie ist der positive Einfluss von Tieren bei der Unterstützung von Menschen mit geistigen oder körperlichen Beeinträchtigungen zu erklären? Wie können Tiere Menschen mit Lern- und Verhaltensstörungen helfen? Anja Peter, die auf diesem Gebot tätig ist, sieht aber bei der Beschäftigung mit den Tier-Mensch-Studien ein großes gesellschaftliches Problem: „Obwohl wir wissen, wie wichtig Tiere für uns Menschen sind, wie wir sie brauchen, wie sie uns Trost spenden und oft zu Familienmitgliedern werden, geht unsere Herangehensweise in erster Linie von unseren Bedürfnissen aus. Es geht immer darum, wie Tiere uns von Nutzen sind, wie sie uns helfen. Aber wie geht es den Tieren dabei? Werden sie nicht krank von unserer Zuneigung und unseren Launen? Tiere brauchen wie die Menschen feste Grundrechte in der Verfassung: Sie müssen als eigene Subjekte, nicht als Sachen gesehen werden, die man kaufen und verkaufen und mit denen man handeln kann. Das bestehende Tierschutzgesetz geht hier nicht weit genug.“

4

Statistiken zeigen, dass sich fleischlose Ernährung in Deutschland immer mehr durchsetzt, 10 % der Bevölkerung ernähren sich vegetarisch oder vegan. Die Produktion von Fleischersatzprodukten ist um ein Drittel gestiegen. Aus anderen Zahlen geht hervor, dass sich über 80 % der Menschen in Deutschland gut vorstellen können, weniger Fleisch zu essen. Nachdem in den letzten Jahrzehnten der Fleischkonsum relativ konstant geblieben war, ist jetzt ein leichter Rückgang zu verzeichnen. Forscher gehen nicht davon aus, dass es sich hier um eine kurzlebige Erscheinung handelt, da es in bestimmten Kreisen „in“ und modern wäre, vegetarisch oder vegan zu leben. Ein Grund für ein sich änderndes Konsumverhalten sei vielmehr das zunehmende Bewusstsein der Menschen über die Auswirkungen der weltweit gestiegenen Fleischproduktion auf das Ökosystem, aber auch ethische Überlegungen würden für viele Menschen immer entscheidender. Tiere haben ein Recht auf Leben wie die Menschen auch, sie haben wie die Menschen das Recht, nicht ausgebeutet zu werden. Hier setzt die vegane Denkweise an, die auf den Konsum sämtlicher tierischer Produkte verzichtet, also nicht nur auf Fleisch, sondern auch auf Milchprodukte, Kleidung, einfach auf alles, was sich die Menschen von den Tieren angeeignet haben.

5

Wölfe waren auch bei uns früher keine Seltenheit, sie lebten Jahrhunderte neben dem Menschen, man lebte mehr oder weniger in Harmonie friedlich nebeneinander. Das änderte sich, als die Menschen der Viehzucht nachgingen und Wölfe immer häufiger das Vieh der Bauern anfielen und fraßen. Der Wolf wurde zum Konkurrenten des Menschen. Wölfe wurden erbarmungslos gejagt und im 19. Jahrhundert aus Deutschland vollständig vertrieben. Auch die massive Abholzung der Wälder führte zum Verlust des normalen Lebensraums des Wolfes wie auch anderer Wildtiere. In einem gesunden Ökosystem hat der Wolf jedoch eine wichtige Funktion: Er reguliert den Bestand seiner Beutetiere und verringert den Bestand kranker Tiere.

Heute, wo man von der Rückkehr des Wolfes sprechen kann, wird nach Wegen gesucht, wie Wolf und Menschen nebeneinander leben können. Und das werden sie müssen, da der Wolf heute nach dem Bundesnaturschutzgesetz und europäischen Verträgen als streng geschützte Tierart gilt. Während Viehzüchter um den Erhalt ihrer Nutztiere fürchten – Schafe und Ziegen werden oft Opfer der Wölfe – und die Forderung nach dem Abschuss des Wolfes lauter wird, fordern Umwelt- und Naturschützer Maßnahmen zum Schutz sowohl der Wölfe als auch der Tiere auf den Höfen.

Leseverstehen Teil 2

Vorgeschlagene Arbeitszeit für Leseverstehen Teil 1 – Teil 3: 50–55 Minuten

Lesen Sie zuerst den Text und lösen Sie dann die Aufgaben 6–10.

Deutschland und die Liebe zum Bargeld

Obwohl auch in Deutschland bargeldloses Zahlen immer beliebter wird – immer mehr wird mit Smartphone oder Karte gezahlt – ist es immer noch keine Seltenheit, dass man im Einzelhandel nur mit Bargeld bezahlen kann, worüber sich Besucher aus anderen Ländern wundern. Denn während sich in den meisten Ländern Europas der bargeldlose Zahlungsverkehr immer mehr durchsetzt, ist Bargeld bei den Verbraucherinnen und Verbrauchern in Deutschland immer noch das beliebteste Zahlungsmittel. Nach einer kürzlich veröffentlichten Studie zahlen über 50 % der Verbraucherinnen und Verbraucher am liebsten bar. Nach einer weiteren Umfrage unter Haushalten, ob man sich eine bargeldlose Welt vorstellen könnte, waren nur 10 % dafür, 60 % wollten weiter beide Möglichkeiten haben, also sowohl bar als auch mit Karte bzw. Smartphone zahlen. Die Europäische Zentralbank hat ermittelt, dass die Deutschen im europäischen Vergleich immer noch mit Abstand die größten Summen an Bargeld in ihrem Portemonnaie bei sich haben, gibt es ihnen doch ein Gefühl von Sicherheit.

Es gibt unterschiedliche Gründe, weshalb man in Deutschland der Digitalisierung des Zahlungsverkehrs kritisch gegenübersteht. Für viele Menschen haben Geldscheine und Münzen einen großen emotionalen Wert. Das fängt schon bei der Tradition des Sparschweins an, anhand dessen Kinder lernen sollen, Geld zu sparen. Viel wichtiger ist aber ein tiefes Misstrauen gegenüber den Befürwortern einer bargeldlosen Gesellschaft. Wenn alle Zahlungen digital erfolgen, kann jede Geldbewegung kontrolliert werden. Unzählige Daten über das Konsumverhalten aller könnten von den Banken gespeichert und missbraucht werden. Die Anonymität verschwinde zunehmend. Der Einzelne wird zum gläsernen Konsumenten. Gewinne würden in erster Linie die Banken machen.

Befürworter der Abschaffung von Bargeld führen als wichtiges Argument die Bekämpfung von Verbrechen an. Wenn alle Geldflüsse digitalisiert sind und kontrolliert werden, könnte man dadurch Geldwäsche und Schwarzarbeit effektiv bekämpfen. In diesem Zusammenhang hat die EZB, die Europäische Zentralbank, als Maßnahme bereits die Abschaffung der 500-Euro-Banknote beschlossen. Auch Überfälle auf Bus- und Taxifahrer würden der Vergangenheit angehören, ebenso die zahlreichen Sprengungen von Geldautomaten, die man ja nicht mehr bräuchte. Polizei und Zoll hätten dann viel weniger zu tun und könnten sich anderen Aufgaben widmen. Und Kosten würden gespart, Kosten für die Herstellung, Beförderung und die Lagerung des Bargelds.

Wenn wir in die Zukunft blicken, können wir aber davon ausgehen, dass auch in Deutschland immer weniger bar bezahlt werden wird. Der Anteil der Online-Käufe, auch der Käufe mit Smartphone-Apps, nimmt in großer Geschwindigkeit zu und wird als bequeme Alternative zum Kauf mit Bargeld immer mehr akzeptiert, auch wenn die Sicherheit dieser Zahlungsart noch an vielen Punkten verbessert werden muss.

Dennoch können sich die meisten Verbraucherinnen und Verbraucher nicht vorstellen, ihr Zahlungsverhalten komplett auf digitale Systeme umzustellen.

Wie ein Sprecher einer großen deutschen Bank anmerkte, braucht man in Deutschland vielleicht ja etwas länger, um seine Gewohnheiten zu ändern. Vielen gehe die Digitalisierung aller Lebensbereiche einfach zu schnell. Und vielleicht sei das die eigentliche Ursache für das Misstrauen vieler Menschen in elektronische Zahlungssysteme. Die Folgen der Digitalisierung in allen Bereichen des Lebens wecke ein Gefühl, nicht mehr selbst über sich bestimmen zu können. Aber man solle nicht vergessen, dass Geld ja nicht mehr als ein Tauschmittel sei. Es hatte in der Geschichte nicht immer die Form von Münzen oder Geldscheinen und könne seine Form von Münze oder Geldschein und seine Eigenschaft als allgemeiner Tauschwert auch wieder verlieren. Wenn durch die Digitalisierung das Bargeld nicht mehr existieren sollte, werden vielleicht neue Wege des Handels miteinander entstehen, ganz ohne Geld.

Lösen Sie die Aufgaben 6–10. Entscheiden Sie, welche Lösung (a, b oder c) richtig ist, und tragen Sie Ihre Lösung in den Antwortbogen bei den Aufgaben 6–10 ein.

6 Eine Mehrheit der Verbraucherinnen und Verbraucher legt Wert darauf,

a bar zahlen zu können.
b Geld sicher und risikolos zu sparen.
c überall mit Karte zahlen zu können.

7 Viele Menschen wollen das Bargeld behalten, weil sie

a den Verlust ihrer Ersparnisse befürchten.
b den Geldinstituten misstrauen.
c finden, dass Geldscheine sehr schön aussehen.

8 In einer bargeldlosen Wirtschaft

a bräuchte man weniger Polizei.
b käme es zu Preissenkungen.
c könnte die Geldkriminalität zurückgedrängt werden.

9 Inzwischen

a benutzt man für Online-Geschäfte meistens Smartphone-Apps.
b hat man sich daran gewöhnt, bargeldlos zu zahlen.
c gelten Zahlungen mit Handy als sicher.

10 Nach Auffassung des Ökonomen liegt das eigentliche Problem für viele Menschen

a in den raschen technischen Veränderungen.
b in den veränderten Gewohnheiten.
c im Wertverlust des Geldes.

Leseverstehen Teil 3

Vorgeschlagene Arbeitszeit für Leseverstehen Teil 1 – Teil 3: 50–55 Minuten

Lesen Sie zuerst die zehn Situationen (11–20) und dann die zwölf Info-Texte (a–l). Welcher Info-Text passt zu welcher Situation? Sie können jeden Info-Text nur einmal verwenden.

Markieren Sie Ihre Lösungen auf dem Antwortbogen bei den Aufgaben 11–20. Manchmal gibt es keine Lösung. Markieren Sie dann x.

11 Ein Bekannter sucht für seinen Urlaub eine Auslandskrankenversicherung.

12 Eine Nachbarin möchte einen kinderfreundlichen und stressfreien Urlaub auf dem Land machen.

13 Sie sind begeisterter Wassersportler und suchen Tipps für den Urlaub.

14 Eine Kollegin wacht jeden Morgen mit starken Rückenschmerzen auf und sucht rasche Hilfe.

15 Ein Kollege möchte nächstes Jahr nach Frankreich umziehen und sucht Informationen, worauf er dabei achten muss.

16 Eine Bekannte möchte in Frankreich einen entspannten Urlaub verbringen und sucht Informationen in Buchform.

17 Ein Freund möchte auf umweltfreundliche Weise Städte in ganz Europa besuchen.

18 Eine Nachbarin ist Physiotherapeutin und sucht eine Teilzeitstelle.

19 Eine Kollegin sucht für ihre Kinder, die zum ersten Mal alleine in Urlaub fahren möchten, betreute Ferien.

20 Ein Bekannter ist vollkommen überarbeitet und hat Probleme, nachts zu schlafen.

a

Ausgeschlafen ankommen

Nachts mit der Bahn zu reisen, ist eine Alternative zu oft stressvollen Autoreisen oder Flügen. Gerade für Reisen innerhalb Europas ist eine Fahrt mit dem Zug eine umweltbewusste Alternative. So spart eine einfache Fahrt von Amsterdam nach Wien ca. 100.000 Kilogramm CO_2. Neben der Österreichischen Bundesbahn bietet die Deutsche Bahn inzwischen auch wieder die Möglichkeit an, nachts durch Europa zu reisen – im Augenblick gibt es Verbindungen zu 25 Metropolen ins benachbarte Ausland.

Eine Übersicht aller momentan verfügbaren Nachtzugverbindungen finden Sie auf www.bahn.de.

b

Mehr Bewegung und Fitness im Alltag

Zu wenig Bewegung, zu viel Sitzen kann dazu führen, dass die Rückenmuskulatur immer schwächer wird – mit allen bekannten Konsequenzen. Vier von fünf Menschen haben heute hiermit Probleme. In unseren Kursen trainieren wir alles rund um die Wirbelsäule: Muskeln, Bänder und Gelenke auf behutsame Art – Ihre Beschwerden werden sich schnell verbessern. Testen Sie unser Angebot: Auch Bewegungstherapien mit Übungen aus Yoga und Tai-Chi sind bei uns buchbar. Sie werden sehen, dass es Ihnen schnell besser gehen wird.

Rufen Sie uns an: 0621 39158707, täglich 12–18 Uhr.

c

Fit und aktiv in den Ferien

Wie wäre es, Sonne, Strand und Sport miteinander zu verbinden? An der deutschen Nordsee warten mehrere Wassersportparadiese auf Sie. Einzigartige Dünenlandschaften und Strände, Fahrten auf dem Wasser mit dem Segelboot. Und wer das Abenteuer liebt, kann auch aktiveren Wassersportarten nachgehen: Wasserski und Kitesurfen. Wer hier noch unerfahren ist, kann in einer der zahlreichen Sportschulen Kurse auf allen Stufen besuchen.

d

Versicherungsschutz im Ausland

Möchten Sie sich in einem anderen Land der EU niederlassen? Dann müssen sie wissen, dass die Sozialversicherung, wozu auch die Renten- und Krankenversicherung gehört, in jedem Land anderen Regeln unterliegt. Was sind Ihre Rechte und Pflichten? Was Sie unternehmen müssen, hängt von Ihrer persönlichen und wirtschaftlichen Situation ab, auch wie lange und zu welchem Zweck Sie sich im Ausland aufhalten möchten.

Bei allen Fragen hilft ein Anruf bei uns: 030 68831748. Oder Sie besuchen unsere Webseite.

e

Die Neue Reihe – Nachbarländer Deutschlands entdecken

Gegenüber Online-Material haben traditionelle Reiseführer immer noch einen ganz besonderen Reiz. Es macht einfach Spaß, in ansprechend gestalteten Büchern zu blättern, sich von den Fotos, Ratschlägen und Tipps inspirieren zu lassen. Schwerpunkt unserer Reihe sind Urlaubsziele, die noch nicht vom Massentourismus geprägt sind. Auch in den Metropolen unserer Nachbarländer wie Paris, Barcelona, Amsterdam sind diese zu finden. Augenblicklich erschienen: Reiseführer für Österreich, die Schweiz, Frankreich, Spanien und die Beneluxländer. Natürlich sind auch kostenlose Updates im Internet zu allen konkreten Informationen verfügbar.

f

Im Trend: Risikosportarten

Basejumping, Drachenfliegen, Freiklettern, aber auch Reiten und Tauchen sind Sportarten, bei denen häufig lebensgefährliche Unfälle passieren. In unserem Blog beschäftigen wir uns heute mit dem Kitesurfen. Weltweit wird diese Sportart immer beliebter. Wenn man vom Land weggeweht wird, der Kite im Wasser landet, gibt es oft kein Zurückkommen mehr. Dazu kommen die gefährlichen Strömungen in der See, in kurzer Zeit unterkühlt man und ermüdet. Wenn Sie sich auf diesen Sport einlassen, denken Sie unbedingt an einen speziellen Versicherungsschutz.

Weitere Informationen in unserem Blog zum Kitesurfen:
www.kitesurfen.blog.example.com

g

Aloha-Reisen

Kletterfreizeiten, Wald-Erlebniswochen, Projekte in der Landwirtschaft, Wandertouren, Fußballcamps, Wassersport in ganz Deutschland – ohne Eltern und unter der professionellen Leitung von Freizeit- und Erlebnispädagog*innen. Ein Erwachsener betreut 5–8 Kinder/Jugendliche. Unser Konzept ist, dass die Kinder und Jugendlichen in erster Linie Spaß und Freude haben, aber auch etwas Neues und Spannendes erleben und lernen, miteinander in Gruppen soziale Kompetenz auszubauen.

Downloaden Sie gerne unsere Angebote für den kommenden Sommer:
www.aloha-tours.example.com

h

Bewusst durch Bewegung nach Moshe Feldenkrais

Moshe Feldenkrais hat eine ganzheitliche Methode entwickelt, wie man über Selbsterfahrung den eigenen Körper kennen lernen kann. Wenn wir verstehen, wie wir uns bewegen, wie unser Skelett, unsere Gelenke, unsere Muskeln und unsere Wirbelsäule zusammenhängen, wie wir durch andere Bewegungsmuster uns leichter, effektiver und schmerzfreier bewegen können, ist das eine wirksame Therapie, Schmerzen längerfristig zu lindern. Unser Ausbildungsprogramm (vier halbe Tage pro Woche) richtet sich speziell an Physiotherapeut*innen, die in ihrer Praxis bei der Behandlung von z. B. chronischen Rückenschmerzen oft an ihre Grenzen stoßen.

i

Effektiv gegen Stress

Haben Sie in letzter Zeit zunehmend das Gefühl, dass Ihre Arbeitsbelastung zu hoch ist? Können Sie nachts kein Auge mehr zumachen, weil Sie immer an die Arbeit denken müssen, obwohl Sie das gar nicht wollen? Machen Sie etwas dagegen. Werden Sie aktiv. Unser Seminar ist das Richtige für Sie. In einem dreitägigen Training lernen Sie nicht nur, wie Sie Stress in allen Situationen abbauen, sondern lernen auch Entspannungs- und Atemtechniken gegen Schlafprobleme.

Infos:
www.example.net/entspannungskurse

j

Licht macht wach

Viele Menschen haben immer größere Probleme, morgens wach zu werden. Dieses Gefühl anhaltender Müdigkeit hält dann oft den ganzen Tag an. Natürlich kann eine Ursache ein Vitamin-D-Mangel sein – aber vielleicht auch nur anhaltender Stress im Alltag, der auf irgendeine Weise kompensiert werden soll. Lichttherapie kann hier eine sinnvolle Hilfe sein. Durch zu wenig Licht vor allem in der dunklen Jahreszeit kann dies zu mangelnder Energie führen, im schlimmsten Fall zu einer Winterdepression. Holen Sie sich Licht ins Haus, scrollen Sie durch unser Angebot an Tageslichtlampen, vereinbaren Sie einen individuellen Beratungstermin.

k

Bauernhöfe sind voll im Trend

Urlaub auf dem Bauernhof ist ein Erlebnis für die ganze Familie. Weg von der Hektik der Stadt kann man sich entspannen, einfach nichts tun, die Umgebung genießen und Radtouren unternehmen. Es gibt auch die Möglichkeit, am Leben auf einem Bauernhof teilzuhaben, dabei zu sein, wenn Kühe gemolken werden oder wenn – je nach Jahreszeit – Heu gemacht wird usw. Die Kinder können in Kontakt mit den Tieren auf dem Hof kommen, mit Kälbern, Ponys, Ziegen. Langweilig wird es sicher nie, und was gibt es Leckereres, als selbst erzeugte Lebensmittel zu sich zu nehmen.

l

So wird Ihr Urlaub leichter und entspannter

Mermina – eine neue App, die die Funktionen einer Reise-App und die einer Übersetzer-App miteinander verbindet. Während Ihres Frankreichurlaubs müssen Sie z. B. nicht mehr zwischen zwei verschiedenen Apps hin und her switchen, wenn die App Sie an einen interessanten Ort geführt hat und Sie Probleme damit haben, die jeweilige Sprache dort zu verstehen.

Die kostenlose Testversion enthält Werbung, doch für einen einmaligen Beitrag von € 5 erhalten Sie diese App werbefrei unter:
www.mermina.example.com

Sprachbausteine Teil 1

Vorgeschlagene Arbeitszeit für Sprachbausteine Teil 1 und Teil 2: 30 Minuten

Lesen Sie den folgenden Text und entscheiden Sie, welches Wort (a, b oder c) in die jeweilige Lücke passt. Markieren Sie Ihre Lösungen auf dem Antwortbogen bei den Aufgaben 21–30.

Liebe Anna,

du bist doch auch bei der Volksbank. Ich wollte dich in diesem Zusammenhang vor Mails warnen, __21__ momentan im Umlauf sind. In diesen Mails wird dir mitgeteilt, dass die Bank alle Konten auf ein neues Sicherheitssystem umgestellt hat und deine Konten deshalb innerhalb von 24 Stunden gesperrt werden. __22__ das zu vermeiden, wirst du aufgefordert, auf einen Link zu klicken und __23__ neuen Sicherheitssystem zuzustimmen.

Nun, die Seite sah unglaublich echt aus, das Layout war wie auf der Webseite der Volksbank, ich habe dann auch auf den Link geklickt. __24__ ich mein Passwort angegeben hatte, tauchte wieder eine Seite der Bank auf, die etwas anders aussah als die Seite, die ich von der Bank gewohnt war. Das __25__ mir dann merkwürdig vor und ich habe schnell den Rechner ausgeschaltet und bin aus dem Internet rausgegangen.

Nach Anruf bei der Bank stellte sich dann heraus, dass __26__ bei dieser Mail um eine sogenannte Phishingmail handelte, eine Mail, die von Kriminellen verschickt wird, um __27__ die persönlichen Daten der Nutzer und Nutzerinnen zu kommen.

Man sagte mir, dass ich jetzt ein Problem habe. __28__ einer Änderung meines Passworts wäre es durchaus möglich, dass mein Rechner bereits infiziert ist. Ich sollte sofort den Computer von einem Spezialisten genau überprüfen lassen und nicht mehr ins Netz gehen. Die Bank teilte mir auch mit, dass sie niemals Kunden per Mail nach persönlichen Daten fragen wird.

Ich habe eigentlich gedacht, dass mir so etwas nie __29__, aber, du siehst, so schnell kann es gehen. __30__ aufgepasst, wenn du eine ähnliche Mail bekommst.

Liebe Grüße
Sandra

21 **a** die **b** das **c** welche

22 **a** Dafür **b** Für **c** Um

23 **a** das **b** dem **c** der

24 **a** Danach **b** Nach **c** Nachdem

25 **a** kam **b** schien **c** war

26 **a** es **b** es sich **c** sich es

27 **a** an **b** auf **c** zu

28 **a** Obwohl **b** Trotz **c** Trotzdem

29 **a** passiert ist **b** passieren würde **c** würde passieren

30 **a** Daher **b** Nämlich **c** So

Sprachbausteine Teil 2

Vorgeschlagene Arbeitszeit für Sprachbausteine Teil 1 und Teil 2: 30 Minuten

Lesen Sie den folgenden Text und entscheiden Sie, welches Wort aus dem Kasten (a–o) in die Lücken 31–40 passt. Sie können jedes Wort im Kasten nur einmal verwenden. Nicht alle Wörter passen in den Text.

Markieren Sie Ihre Lösungen auf dem Antwortbogen bei den Aufgaben 31–40.

Das Ehrenamt in Deutschland – etwa jeder Dritte ist ehrenamtlich tätig

Freiwilliges Engagement für die Gesellschaft nennt man ehrenamtliche Arbeit. Und nach aktuellen Umfragen ist in Deutschland jeder Dritte in irgendeiner Weise ehrenamtlich aktiv: Es __31__ sich also um eine Zahl von sage und schreibe 25–30 Millionen Menschen, die sich unentgeltlich für die Gemeinschaft einsetzen, sei es im Sportverein, in der Pflege, im Umweltschutz, im Tierschutz, bei der freiwilligen Feuerwehr usw.

Gerade auch Schülerinnen und Schüler sind sehr offen für soziales Engagement. Einer Studie __32__ geben über 50 Prozent der 14- bis 17-Jährigen an, ehrenamtlich tätig zu sein. Und nach der Schule absolvieren viele Jugendliche ein Freiwilliges Soziales Jahr (FSJ). Was sie dort lernen, hilft ihnen nicht nur bei der __33__ ihrer Persönlichkeit, sondern sie können auch verschiedene Berufsfelder kennenlernen, bevor sie Entscheidungen für ihr späteres Leben __34__.

__35__ von einer Aufwandsentschädigung bis 70 Euro monatlich wird ehrenamtliche Arbeit nicht bezahlt. Und __36__ diesem Punkt setzt auch die Kritik an der ehrenamtlichen Arbeit an. Wieso sollte man eigentlich nicht fordern, dass gesellschaftlich notwendige Arbeit auch ordentlich bezahlt wird? Alle zahlen doch sehr viel Steuern, dann ist es auch Aufgabe des Staates, dieses Geld für den Sozialbereich zu verwenden. Es __37__ in Deutschland ein Pflegenotstand, den unbezahlte Arbeitskräfte nicht kompensieren können. Soziales Engagement darf nicht __38__ führen, dass durch ehrenamtliche Tätigkeiten normale Arbeitsplätze wegfallen. Gerade die Pflege würde ohne ehrenamtlich Arbeitende nicht mehr funktionieren. Das heißt aber auch, dass normale, bezahlte Arbeitsplätze ersetzt werden.

Trotz dieser Kritik überwiegen die Motive, weshalb man sich ehrenamtlich engagiert: Man möchte etwas für andere Menschen tun, sich in den unterschiedlichsten Bereichen sozial und politisch engagieren, sei aber auch auf der Suche __39__ einer sinnvollen Tätigkeit als __40__ zum oft eintönigen Alltag.

a ABGESEHEN
b ABWECHSLUNG
c AN
d DAMIT
e DAZU
f ENTWICKLUNG
g GEHT
h HERRSCHT
i FOLGLICH
j FÜR
k HANDELT
l NACH
m NEHMEN
n TREFFEN
o ZUFOLGE

Hörverstehen Teil 1

Zeit für den gesamten Teil Hörverstehen: ca. 20 Minuten

Wählen Sie Track 6, um Hörverstehen Teil 1–3 zu hören, oder Track 7, wenn Sie nur Hörverstehen Teil 1 hören möchten.

6 Sie hören nun eine Nachrichtensendung. Dazu sollen Sie fünf Aufgaben lösen.
Sie hören die Nachrichtensendung nur einmal.

7 Entscheiden Sie beim Hören, ob die Aussagen 41–45 richtig oder falsch sind.
Markieren Sie Ihre Lösungen auf dem Antwortbogen bei den Aufgaben 41–45.
Markieren Sie PLUS (+) gleich richtig und MINUS (–) gleich falsch auf dem Antwortbogen.

Lesen Sie jetzt die Aufgaben 41–45. Sie haben dazu 30 Sekunden Zeit.

41 Durch eine Computerstörung streicht Lufthansa heute sämtliche Flüge von deutschen Flughäfen.

42 Der Bau von Solaranlagen wird gefördert.

43 Die Zahl der Krankmeldungen war noch nie so hoch.

44 Nur noch 50 % des deutschen Waldes sind gesund.

45 Die Mobilität auf dem Arbeitsmarkt nimmt weiter zu.

Hörverstehen Teil 2

Zeit für den gesamten Teil Hörverstehen: ca. 20 Minuten

8 Sie hören ein Rundfunk-Interview. Dazu sollen Sie zehn Aufgaben lösen.
Sie hören dieses Interview nur einmal.

Entscheiden Sie beim Hören, ob die Aussagen 46–55 richtig oder falsch sind.
Markieren Sie Ihre Lösungen auf dem Antwortbogen bei den Aufgaben 46–55.
Markieren Sie PLUS (+) gleich richtig und MINUS (–) gleich falsch auf dem Antwortbogen.

Lesen Sie jetzt die Aufgaben 46–55. Sie haben dazu 60 Sekunden Zeit.

46 Das Café „Zum Treffpunkt" gibt es unter diesem Namen bereits seit zwölf Jahren.

47 Viele Veranstaltungen wurden wegen Platzmangels abgesagt.

48 Die Fläche des Lokals wurde erweitert.

49 Herr Holzmann findet den Begriff ‚Kneipensterben' nicht zutreffend.

50 Für Spieleabende und Kneipenquiz muss man sich vorher anmelden.

51 Im Treffpunkt begegnen sich inzwischen Menschen aus allen Generationen.

52 Herr Holzmann bringt auch Spiele von zu Hause mit.

53 Herr Holzmann blickt optimistisch in die Zukunft.

54 Die Industrie- und Handelskammer hat bei der Geschäftsgründung geholfen.

55 Im Team gibt es oft unlösbare Probleme.

Hörverstehen Teil 3

Zeit für den gesamten Teil Hörverstehen: ca. 20 Minuten

9 Sie hören jetzt fünf kurze Texte. Dazu sollen Sie fünf Aufgaben lösen.
Sie hören diese Ansagen nur einmal.

Entscheiden Sie beim Hören, ob die Aussagen 56–60 richtig oder falsch sind.
Markieren Sie Ihre Lösungen auf dem Antwortbogen bei den Aufgaben 56–60.
Markieren Sie PLUS (+) gleich richtig und MINUS (–) gleich falsch auf dem Antwortbogen.

56 Frau Enders hat diese Woche keine Zeit.

57 Es wird abgeraten, am Samstag mit dem Auto zum Konzert zu kommen.

58 Nach dem Wochenende wird kein Regen mehr erwartet.

59 Der Flughafen Frankfurt ist heute Abend nur mit dem Bus zu erreichen.

60 Um am Gewinnspiel teilnehmen zu können, muss man sich online anmelden.

Schriftlicher Ausdruck

Zeit für den Teil Schriftlicher Ausdruck: 30 Minuten

Wählen Sie zuerst zwischen Aufgabe A und Aufgabe B.

Entscheiden Sie schnell, denn die zur Verfügung stehende Zeit ist begrenzt auf 30 Minuten.

Aufgabe A: Bitte um Informationen	oder	**Aufgabe B:** Beschwerde

Übertragen Sie diese Nummer auf den Antwortbogen S. 156.

0	0	0	6	5	2

Testversion

Wenn Sie diese Nummer nicht übertragen, wird Ihre Prüfung nicht bewertet.

Schriftlicher Ausdruck Aufgabe A

Zeit für den Teil Schriftlicher Ausdruck: 30 Minuten

In der Zeitung lesen Sie folgende Anzeige:

Kleeblatt & Partner

Renovierung – alles aus einer Hand

Meisterbetrieb mit über 20-jähriger Erfahrung.

Qualitativ hohe Renovierungsarbeiten zu einem günstigen Preis.

Fristgemäße Ausführung Ihrer Wünsche.

Möchten Sie Ihre Wohnung oder nur einen Teil Ihrer Wohnung renovieren?
Wir helfen Ihnen gerne. Unsere Basisleistungen:

- Putz- und Spachtelarbeiten, Tapezieren, Malerarbeiten
- Lackieren von Türen, Fenstern und Fußleisten und Heizkörpern
- Holzbearbeitung
- Schimmelbeseitigung
- Professionelle Bodenverlegung
- Unsere Fachleute übernehmen auch gerne die Sanierung Ihres Sanitärbereichs (Toilette, Bad) oder Ihrer Küche – inklusive Fliesenarbeiten.

Sie möchten Ihr Wohn- und Schlafzimmer renovieren lassen und haben dazu Fragen. Bitten Sie die Firma Kleeblatt & Partner in einer E-Mail um weitere Informationen.

Behandeln Sie darin entweder
a) drei der folgenden Punkte
oder
b) zwei der folgenden Punkte und einen weiteren Aspekt Ihrer Wahl.

- Beschreiben Sie detailliert, welche Arbeiten erledigt werden sollen.
- Geben Sie an, worauf Sie großen Wert legen.
- Geben Sie einen gewünschten Zeitrahmen für die Arbeiten an.
- Bitten Sie um einen Kostenvoranschlag.

Überlegen Sie sich vor dem Schreiben eine passende Reihenfolge der Punkte, einen passenden Betreff, eine passende Anrede, eine Einleitung und einen passenden Schluss.
Schreiben Sie mindestens 150 Wörter.

Übertragen Sie diese Nummer auf den Antwortbogen S. 156.

0	0	0	6	5	2

Testversion

Wenn Sie diese Nummer nicht übertragen, wird Ihre Prüfung nicht bewertet.

Schriftlicher Ausdruck Aufgabe B

Zeit für den Teil Schriftlicher Ausdruck: 30 Minuten

Lesen Sie folgende Werbeanzeige:

Räume zu mieten – sehr kostengünstig

Suchen Sie einen Partyraum für Geburtstagsfeiern, Firmenfeiern, Afterwork-Partys, Hochzeiten usw.? Oder sind Sie auf der Suche nach Räumen für Gruppentreffen oder Veranstaltungen?

Wir stellen an jedem zweiten Samstag des Monats unsere Räume im ersten Stock und die Partyräume im Keller unseres Hauses zur Verfügung.

- Unsere Räume im ersten Stock sind bestuhlt. Ein Raum eignet sich für 15 Personen, der zweite Raum für 30–50 Personen.
- Unser Partyraum im Keller ist für bis zu 100 Personen geeignet. Es gibt eine Küche, Herd, Geschirr, Kühlschrank und Geschirrspüler sind vorhanden. Ebenso eine Disco-Anlage mit WLAN.
- Für die Verpflegung müssen Sie selbst sorgen.
- Die Räume müssen am folgenden Tag (Sonntag) bis 15 Uhr gesäubert wieder übergeben werden.

Um die Verfügbarkeit zu klären, setzen Sie sich bitte telefonisch (mobil 0162-2083640) oder per E-Mail mit uns in Verbindung (hoi-events@beispiel.de).

Sie haben einen Raum bei dem obigen Vermieter gemietet. Leider waren Sie nicht zufrieden. Beschweren Sie sich.

Behandeln Sie darin entweder
a) drei der folgenden Punkte
oder
b) zwei der folgenden Punkte und einen weiteren Aspekt Ihrer Wahl.

- Legen Sie dar, weshalb Sie das Angebot interessant fanden.
- Beschreiben Sie detailliert, welche Probleme es während Ihrer Veranstaltung/Party gab.
- Erklären Sie, was Sie nun von dem Vermieter erwarten.
- Schreiben Sie, was Sie unternehmen werden, falls der Vermieter nicht auf Ihre Beschwerde reagiert.

Überlegen Sie sich vor dem Schreiben eine passende Reihenfolge der Punkte, einen passenden Betreff, eine passende Anrede, eine Einleitung und einen passenden Schluss.
Schreiben Sie mindestens 150 Wörter.

Mündlicher Ausdruck – Teilnehmer/-in A/B/(C)

Teil 0: Einander kennenlernen

Zeit für den gesamten Teil Mündlicher Ausdruck: ca. 15 Minuten

Stellen Sie sich Ihrer Partnerin / Ihrem Partner vor. Sie können z. B. darüber sprechen, warum Sie Deutsch lernen, welche Interessen oder Hobbys Sie haben usw. oder darüber, wie Sie sich auf die Prüfung vorbereitet haben.

Dieser Teil der Prüfung wird nicht bewertet.

Mündlicher Ausdruck – Teilnehmer/-in A/B/(C)

Teil 1: Über Erfahrungen sprechen

Zeit für den gesamten Teil Mündlicher Ausdruck: ca. 15 Minuten

Sie sollen Ihrer Partnerin bzw. Ihrem Partner über Ihre Erfahrungen zu einem der folgenden Themen berichten.

Die Stichpunkte in den Klammern können als Anregung dienen. Sie haben dazu ca. 1 ½ Minuten Zeit. Im Anschluss sollen Sie die Fragen Ihrer Partnerin bzw. Ihres Partners beantworten.

Danach spricht Ihre Partnerin bzw. Ihr Partner ebenfalls über ihr bzw. sein Thema. Folgen Sie aufmerksam dem Redebeitrag und überlegen Sie sich Fragen, die Sie ihr/ihm stellen könnten. Unterbrechen Sie sie/ihn nicht. Stellen Sie einige Fragen zum Thema, wenn sie/er ihren/seinen Redebeitrag beendet hat.

Themen zur Auswahl:

- Ein Buch, das Sie gelesen haben (Thema, Autor, Ihre Meinung usw.)
- Einen Film, den Sie gesehen haben (Thema und Handlung, Schauspieler, Ihre Meinung usw.)
- Eine Reise, die Sie unternommen haben (Ziel, Zeit, Land und Leute, Sehenswürdigkeiten usw.)
- Eine Musikveranstaltung, die Sie besucht haben (Musikrichtung, Musiker, Ort, persönliche Vorlieben usw.)
- Ein Sportereignis, das Sie besucht haben (Sportart, Ort, Personen, Ergebnis usw.)
- Eine Person, die in Ihrem Leben wichtig war (wer, wann, warum wichtig usw.)
- Eine wichtige Erfahrung, die Sie in Ihrem Leben gemacht haben (was, wann, wo, mit wem, warum wichtig usw.)

Mündlicher Ausdruck – Teilnehmer/-in A/B/(C)

Teil 2: Diskussion

Zeit für den gesamten Teil Mündlicher Ausdruck: ca. 15 Minuten

Lesen Sie folgenden Text. Diskutieren Sie mit Ihrer Partnerin bzw. Ihrem Partner über den Inhalt des Textes, bringen Sie Ihre Erfahrungen ein und äußern Sie Ihre Meinung. Begründen Sie Ihre Argumente. Sprechen Sie über mögliche Lösungen.

Sollen die Geschäfte auch sonntags geöffnet haben?

Im Gegensatz zu vielen anderen Ländern, in denen es keine gesetzlichen Einschränkungen für die Öffnungszeiten im Einzelhandel gibt, gibt es in Deutschland Ladenöffnungsgesetze. Diese unterscheiden sich etwas von Bundesland zu Bundesland, aber im Allgemeinen gilt, dass Geschäfte an Sonn- und Feiertagen geschlossen bleiben müssen. Ausnahmen gibt es unter anderen für Kioske, Blumenläden, Bäckereien und Geschäfte an Bahnhöfen und Flughäfen, außerdem können die Kommunen dem Handel eine begrenzte Zahl an verkaufsoffenen Sonntagen pro Jahr erlauben.

Es gibt immer mehr Stimmen, die für eine vollkommene Liberalisierung der Ladenöffnungszeiten eintreten: Betriebswirtschaftlich brauche der Einzelhandel einfach weniger Reglementierungen. Die Konsumenten würden gerne sonntags einkaufen, denn dann hätten sie Zeit. Das machten sie derzeit online. Verkaufsoffene Sonntage würden auf alle Fälle gegen die Konkurrenz aus dem Internet helfen. Jedes Geschäft solle frei entscheiden dürfen, wann es öffnen möchte und wann nicht.
Dagegen setzen sich vor allem Kirchen und Gewerkschaften dafür ein, dass der Sonntag als arbeitsfreier Tag weiter geschützt bleibt. Nach einer stressigen Arbeitswoche brauche man einen arbeitsfreien Tag, um sich zu erholen, ohne Stress und Einkaufshektik. Und wenn die Öffnungszeiten für den Einzelhandel liberalisiert werden, würden alle anderen Sektoren der Wirtschaft dasselbe Recht in Anspruch nehmen, irgendwann würde es überhaupt keine festen Ruhetage mehr geben und alle müssten dann auch am Sonntag arbeiten.

Nach einer Umfrage sind über 60 % der Menschen in Deutschland für eine Lockerung des Ladenöffnungsgesetzes. Die Händler sollten selbst entscheiden dürfen, ob sie ihre Geschäfte sonntags öffnen wollen oder nicht. Nur eine Minderheit würde befürworten, dass es keinerlei Einschränkungen für Sonntags- und Feiertagsarbeit mehr gibt.

Mündlicher Ausdruck – Teilnehmer/-in A/B/(C)

Teil 3: Gemeinsam etwas planen

Zeit für den gesamten Teil Mündlicher Ausdruck: ca. 15 Minuten

Ihr Kurs möchte während der Ferien gemeinsam einen Ausflug in die Umgebung Ihres Kursorts machen.

Überlegen Sie sich mit Ihrer Partnerin / Ihrem Partner ein interessantes Programm für diesen Ausflug. Machen Sie Vorschläge.

Modelltest 3

Leseverstehen Teil 1

Vorgeschlagene Arbeitszeit für Leseverstehen Teil 1 – Teil 3: 50–55 Minuten

Lesen Sie zuerst die zehn Überschriften. Lesen Sie dann die fünf Texte und entscheiden Sie, welche Überschrift (a–j) am besten zu welchem Text (1–5) passt.

Tragen Sie Ihre Lösungen in den Antwortbogen bei den Aufgaben 1–5 ein.

a **Krankheiten bei Musiker*innen steigen**

b ***Suchtgefahr durch zu viele Nachrichten***

c **Schaden durch zu laute Musik**

d **Wenn die Arbeit zur Sucht wird**

e **Zum Einfluss von Musik auf Mensch und Tier**

f **Die heilende Wirkung von Musik**

g **Neue Begriffe für soziale Medien**

h **Höhen und Tiefen des Musikerberufs**

i **Handysucht ernst nehmen**

j **Mit Musik wachsen Tiere schneller**

1

Musik hat eine starke Wirkung auf unser Leben. Auch Menschen, die von sich behaupten, überhaupt nicht musikalisch zu sein, werden von Musik, auch wenn sie nur im Hintergrund zu hören ist, beeinflusst. Auch Tiere reagieren auf Musik. In Kuhställen wird immer wieder klassische Musik eingesetzt, um zu testen, ob die von vielen Wissenschaftlern aufgestellte Behauptung, die Tiere würden dadurch mehr Milch produzieren, zutrifft. Tatsächlich scheint es hier einen Zusammenhang zu geben, auf jeden Fall gilt es als bewiesen, dass klassische Musik die Tiere beruhigt. Und auch Pflanzen lassen sich durch Musik beeinflussen, wobei es hier wohl weniger um Melodien geht, sondern um die Wirkung, die Töne und Schwingungen auf die Entwicklung bestimmter Pflanzen haben. Tatsächlich haben sich bestimmten Pflanzen, die bestimmter Musik ausgesetzt waren, besser als andere Pflanzen entwickelt.
Ein Leben ohne Musik ist also nicht vorstellbar. Jeder Mensch hat bestimmte Musikstücke, die ihn an etwas erinnern, an positive wie auch negative Erlebnisse, an Höhen und Tiefen im Leben. Wir alle sind daran gewöhnt, im Alltag von Musik begleitet zu werden. Musik berührt uns alle, was natürlich noch nichts über Talent und Begabung aussagt, selbst aktiv Musik machen zu können.

2

Immer auf der Bühne vor Publikum zu stehen, oft mehrmals pro Woche, oft auch noch an verschiedenen Orten, kann viele Musiker krank machen. Ihr Alltag hat oft keine feste Struktur. Es gibt Tage, an denen sie alles geben müssen, danach folgen häufig längere Zeiten der Ruhepause und damit verbunden große existenzielle Unsicherheiten. Oft schaffen sie es nur, den Alltag zu meistern, indem sie stimulierende Mittel zu sich nehmen: Alkohol, Medikamente oder Drogen aller Art. Vor allem in der Pop- und Rockmusik gibt es zahlreiche Beispiele für Musiker, die sehr depressiv waren und in frühem Alter starben: Jimmy Hendrix, Janis Joplin, Amy Winehouse, Kurt Cobain u. a. Und auch in der klassischen Musik gibt es Komponisten, die an Depressionen litten, z. B. Beethoven und Schubert.
Es gibt Untersuchungen, gemäß denen depressive Erkrankungen bei Musikern häufig auftreten. Oft wechseln sich jedoch depressive Phasen mit Glücksmomenten ab. Lena Hornberg vom Musikmagazin *Ohren Auf* meint dazu: „Man muss immer berücksichtigen, dass sehr kreative Menschen immer auch sehr emotional sind, sie sind also sowohl für negative als auch für positive Empfindungen sehr empfänglich. Genauso, wie sie sich in schwierigen Situationen sehr schlecht fühlen, erleben sie in positiven Situationen extreme Glücksgefühle."

3

Dass zu starke Handynutzung negative Folgen haben kann, ist heute bekannt, dass aber durch Handyverzicht Ängste entstehen können, die so gravierend sind, dass eine Behandlung notwendig ist, wird noch untersucht. Ursachen für dieses Forschungsfeld sind Umfragen, nach denen die Hälfte der Nutzerinnen und Nutzer angab, sich in gewissem Maß unruhig oder sehr unwohl zu fühlen, wenn ihr Handy nicht zur Verfügung stand (der Akku ist leer, das Telefon ist nicht mehr da, zu Hause vergessen, usw.). Es gibt einen Begriff für die Angst davor, nicht über das Handy verfügen zu können und dadurch seine sozialen Kontakte zu verlieren, keine Nachrichten mehr empfangen zu können, vollkommen isoliert von der Außenwelt zu sein: die *Nomophobie (No-Mobile-Phone-Phobia)*.

Zwischen der Angst und dem Gefühl, abhängig zu sein, gibt es einen Zusammenhang, all das müsse noch genauer untersucht werden, so Celeste van Zetten, Gesundheitsberaterin. Wie auch das Ergebnis weiterer Forschungen aussehen mag, Ziel sei es sicher nicht, das Smartphone zu verteufeln, sondern Nutzerinnen und Nutzer dazu zu befähigen, bewusst mit ihrem Telefon umzugehen, ihre Handynutzung zu kontrollieren und sich ein Tageslimit für ihre Handynutzung zu setzen.

4

Musik hören berührt uns alle, sie hilft in allen Lebenslagen. Welche Musik wir im Einzelnen auswählen, hängt dabei von unserer momentanen Stimmung ab und natürlich von unserem individuellen Musikgeschmack. Vielleicht benötigen wir für unser Wohlbefinden beruhigende Musik oder wir wollen genau das Gegenteil und uns bei lauter Musik den Stress aus dem Körper tanzen. Musik wird aber auch bewusst eingesetzt, um Schmerzen zu lindern, um Menschen zu helfen, mit Krankheiten umzugehen. So hat es sich gezeigt, dass sich Menschen mit Epilepsie und anderen Nervenleiden durch Musik besser fühlten. Menschen, die an Demenz leiden, können sich oft noch an Musik aus ihrer Kindheit erinnern, Musiktherapien finden hier ihren Einsatz.

Zwar gibt es auch die Ansicht, dass der übermäßige Musikkonsum, den man beobachten kann – Streamingdienste stehen 24 Stunden täglich zur Verfügung, im Alltag, auf der Straße, beim Sport haben wir immer häufiger Kopfhörer im Ohr und lassen uns von Musik begleiten – Stress erzeugen kann. Diese Gefahren liegen aber weniger in der Musik selbst als in der viel zu intensiven Nutzung der digitalen Geräte.

5

Die deutsche Sprache ist sehr lebendig. Begriffe für zwanghaftes Verhalten – oft aus dem Englischen wie *workaholics* = Menschen, die zwanghaft arbeiten müssen und darin ihr persönliches Glück finden – haben sich inzwischen eingebürgert. Inzwischen gibt es auch das Wort *Nomophobie*, eine tiefe Angst, kein Handy bei sich zu haben. Aber was bedeutet eigentlich das Wort „Nachrichtendiät“, das im Zusammenhang mit den Medien immer wieder zu hören ist? Hintergrund für diesen Begriff ist die Veränderung unseres Medienkonsums. Man bekommt ständig zu jeder Tageszeit alle Informationen aus der ganzen Welt. Und das nicht nur in den sozialen Medien, sondern auch über das traditionelle Medium Fernsehen mit immer mehr empfangbaren Sendern und den Hörfunk mit Hunderten Radiosendern, die digital zur Verfügung stehen. Daneben gibt es ein großes Angebot an Podcasts zu allen möglichen aktuellen Themen. Wenn man nicht mehr auf dem Laufenden ist, kann man schnell nervös werden – man muss immer weitersuchen und findet kein Ende mehr. Man kann sich nicht mehr auf das Wesentliche konzentrieren, weiß nicht mehr, welche Information der Wahrheit entspricht und welche nicht. Der Konsum zu vieler Nachrichten und vor allem zu vieler Tagessensationen und schlechter Botschaften kann aber krank und abhängig machen. Hier einfach mal seinen Konsum einzuschränken wie bei einer Diät, kann Wunder bewirken.

Leseverstehen Teil 2

Vorgeschlagene Arbeitszeit für Leseverstehen Teil 1 – Teil 3: 50–55 Minuten

Lesen Sie zuerst den Text und lösen Sie dann die Aufgaben 6–10.

Zum Glücksbegriff

Was ist Glück? Verschiedene Institute führen immer wieder Studien durch, um diese Frage zu beantworten. Auch wenn es hier viele unterschiedliche Antworten gibt, werden in den Umfragen am häufigsten Gesundheit, gute Partnerschaft, Familie und ein befriedigender Beruf genannt. Natürlich spielt die finanzielle Situation auch eine Rolle. Allerdings muss finanzieller Reichtum nicht unbedingt einen nachhaltigen Glückszustand bedeuten. Wenn man einmal ein großes Vermögen besitzt, lässt sich das Glücksgefühl durch noch mehr Reichtum kaum noch steigern. Als Indikator für Glück werden dann auch weniger Reichtum und Geld genannt, sondern es ist wichtiger, keine Geldprobleme zu haben, um glücklich zu sein. Und Glücksgefühl ist sehr individuell. Man kann einen hohen Lebensstandard haben, sich aber trotzdem unglücklich und unzufrieden fühlen. Eine eindeutige Definition von Glück gibt es also nicht.

Im Jahr 2012 haben die Vereinten Nationen den Weltglückstag ins Leben gerufen, der jährlich am 20. März stattfindet. Mit dem Ausrufen eines Weltglückstags wollte die UNO darauf aufmerksam machen, dass es mehr gibt als den materiellen und ökonomischen Wohlstand, um den Reichtum einer Gesellschaft festzustellen. Ökonomisches Wachstum alleine reiche nicht aus, um in einer Volkswirtschaft von gesellschaftlichem Fortschritt zu sprechen.

Ist Glück messbar?

Der Himalajastaat Bhutan ist unter anderem dadurch bekannt, dass dort ein Nationaler Glücksindex entwickelt wurde. Nach der Lehre, dass immer mehr Gewinn und immer mehr Konsum schlecht für unseren Planeten ist und immer mehr Besitz nicht dazu führt, dass die Menschen zufriedener und glücklicher werden, wurde dieser Index ins Leben gerufen. Beim Nationalen Glücksindex spielen subjektive Faktoren des Glücksempfindens genauso eine Rolle wie die objektiven. Um Glück zu messen, bleibt der Lebensstandard sehr wichtig, soziale Gerechtigkeit, Lebenszufriedenheit, Gesundheit, Erziehung, Kultur, Umwelt müssen aber auch berücksichtigt werden. Sicher hat hierbei die buddhistische Denkweise eine große Rolle gespielt, die ganzheitliche Sichtweise und die Berücksichtigung verschiedenster Faktoren für einen Wohlfahrtsindikator sind aber auch auf Deutschland übertragbar.

So hat das deutsche Umweltbundesamt einen „Nationalen Wohlfahrtsindex" entwickelt. Denn immer noch wird der gesellschaftliche Wohlstand eines Landes durch das Wirtschaftswachstum definiert. Das Festhalten am Wirtschaftswachstum als der Kennziffer für gesellschaftlichen Wohlstand führt jedoch zu Fehlinterpretationen. So führen z. B. die Kosten zur Behebung von Umweltschäden zu ökonomischem Wachstum, aber die Schäden, die zu diesem Wachstum geführt haben, werden nicht gemessen. Wächst die Wirtschaft, muss das also nicht bedeuten, dass Glück und Wohlbefinden der Menschen zunehmen. Um den Reichtum einer Gesellschaft zu bestimmen, ist ein alternativer Wohlfahrtsindex notwendig. Dieser muss ökologische Folgen wie den Verbrauch fossiler umweltschädlicher Stoffe, aber auch soziale Aspekte wie eine ungerechte Einkommensverteilung oder ungleiche Bildungschancen berücksichtigen.

Im Nationalen Wohlfahrtsindex des Umweltbundesamts gehen 21 verschiedene Größen ein: der private Konsum, negative Größen wie eine ungleiche Einkommensverteilung, die Umweltbelastung, Kosten für Schäden durch CO_2-Emissionen, aber auch positive Größen wie zum Beispiel der Wert unbezahlter Hausarbeit. Während das Wirtschaftswachstum in den letzten Jahrzehnten stetig anstieg, zeigt der Wohlfahrtsindex keine relevante Zunahme. Ob sich der Wohlfahrtsindex durchsetzen kann und den bestehenden Wachstumsindex als alles beherrschende statistische Größe ablöst, ist jedoch unsicher. Der Wohlfahrtsindex kann auf jeden Fall dazu dienen, politische und ökonomische Entscheidungen zu korrigieren. Wenn z. B. bei einem Wirtschaftswachstum von 10 % der Wohlfahrtsindex stagniert oder sogar zurückgeht, werden möglicherweise soziale Ungleichheit oder Umweltbelastungen in der Gesellschaft sichtbar. Werden diese weniger, wird sich die Lebensqualität in einer Gesellschaft verbessern, was sicher auch einen positiven Einfluss auf das subjektive Glücksempfinden haben wird.

Lösen Sie die Aufgaben 6–10. Entscheiden Sie, welche Lösung (a, b oder c) richtig ist, und tragen Sie Ihre Lösung in den Antwortbogen bei den Aufgaben 6–10 ein.

6 Viel Geld zu besitzen

a führt leicht dazu, immer reicher werden zu wollen.
b ist für das Glücklichsein am wichtigsten.
c muss längerfristig nicht zu Zufriedenheit führen.

7 Durch den Weltglückstag soll deutlich gemacht werden, dass

a die Wirtschaftspolitik geändert werden muss.
b man etwas gegen Armut unternehmen soll.
c Wohlstand anders ermittelt werden soll.

8 Für den Nationalen Glücksindex ist entscheidend, dass

a die unterschiedlichsten Bereiche des menschlichen Lebens beachtet werden.
b der Konsum keine Rolle mehr spielt.
c persönliche Glücksvorstellungen im Mittelpunkt stehen.

9 Wachstum als statistische Größe

a arbeitet mit falschen Daten.
b erfasst nicht alle wichtigen Details.
c ist nicht mehr aktuell.

10 Der Wohlfahrtsindex kann helfen,

a eine allgemeingültige Definition von Glück zu finden.
b ökonomisches Wachstum zu steigern.
c gesellschaftliche Probleme zu erkennen.

Leseverstehen Teil 3

Vorgeschlagene Arbeitszeit für Leseverstehen Teil 1 – Teil 3: 50–55 Minuten

Lesen Sie zuerst die zehn Situationen (11–20) und dann die zwölf Info-Texte (a–l). Welcher Info-Text passt zu welcher Situation? Sie können jeden Info-Text nur einmal verwenden.

Markieren Sie Ihre Lösungen auf dem Antwortbogen bei den Aufgaben 11–20. Manchmal gibt es keine Lösung. Markieren Sie dann x.

11 Eine Freundin interessiert sich für ein Elektrofahrrad, möchte aber dafür nicht so viel Geld ausgeben.

12 Ein Bekannter sucht eine zuverlässige Navigationsapp für das Fahrrad.

13 Ihr Sohn soll ein Referat über die Geschichte des Geldes schreiben.

14 Eine Bekannte interessiert sich für eine gute Unfallversicherung für die ganze Familie.

15 Ein Freund sucht Unterstützung, damit sein Kind lernt, sich gefahrenfrei im Straßenverkehr zu bewegen.

16 Ein Bekannter möchte sein Geld nachhaltig anlegen.

17 Sie möchten lernen, kompliziertere Reparaturen an Ihrem Fahrrad durchzuführen.

18 Eine Kollegin möchte sich über Neuheiten im Bereich Fahrradmobilität informieren.

19 Sie möchten sich über sichere Geldanlagen informieren, allerdings nur für einen kurzen Zeitraum (1–2 Jahre).

20 Ihr Nachbar (70 Jahre) fühlt sich bei der Fahrt mit seinem neuen E-Bike noch sehr unsicher.

a

Die Finanzwelt verstehen

Täglich hören wir Begriffe wie Börse, DAX, Börsengang, Aktienkurs, Dividende. In dieser Broschüre erklären wir, wie die Börse funktioniert, und geben einen Überblick, wann die ersten Aktiengesellschaften und die erste Wertpapierbörse entstanden sind. Da alles mit Geld zu tun hat, gehen wir weiter zurück in die Zeit und erzählen, wie Geld in seiner heutigen Form zu einem allgemeinen Tausch- und Zahlungsmittel wurde.

Download:
www.finanzwelt-erklärt.beispiel.de

b

Probleme mit dem Akku – die App hilft

Wer kennt das nicht? Man ist mit dem Elektrofahrrad auf einer längeren Strecke unterwegs und ist sich irgendwann nicht mehr sicher, wie lange der Akku noch hält. Wie bei Elektroautos gibt es auch Ladestationen für Ihr E-Bike, also Punkte, an denen Sie Ihr Fahrrad unterwegs aufladen können. Auf unserer Akku-Bike-App finden Sie eine wöchentlich aktualisierte Übersicht aller Ladepunkte und Informationen über die konkreten Bedingungen für das Aufladen des Akkus (Aufladen kostenlos oder nicht, Mitbringen eines eigenen Ladekabels erforderlich usw.).

c

Sicher im Verkehr

Auch wenn die Zahl der tödlich Verunglückten im Straßenverkehr in den letzten Jahren etwas zurückgegangen ist, so sterben jährlich immer noch über 2500 Menschen bei Unfällen. Verkehrserziehung kann also nicht früh genug beginnen. Auf Initiative der Stadtteilinitiative Verkehrssicherheit findet in Zusammenarbeit mit der Polizei am Samstag, den 1. Juli, eine Veranstaltung statt, die sich an Kinder und Jugendliche und ihre Eltern richtet. An diesem Tag soll schwerpunktmäßig das richtige Verhalten im Straßenverkehr geübt werden. Auch Verkehrszeichen und Verkehrsregeln werden spielerisch erläutert.

d

Sorglos unterwegs mit dem Rad

Viele Fahrradversicherungen decken in erster Linie den Diebstahl Ihres Fahrrads. Unser Sorglos☆☆☆-Paket bietet Ihnen daneben einen erweiterten Versicherungsschutz bei allen Schäden, die Sie mit Ihrem Rad erleiden. Auch wenn es sich nur um einen Platten handelt und Sie diesen nicht selbst reparieren können oder wollen, springen wir ein und helfen Ihnen. 24-Stunden-Service, Reparatur vor Ort. Auch können Sie bei größeren Reparaturen ein Ersatzrad von uns bekommen. Zur Übersicht über unsere verschiedenen Tarife und die einzelnen Bedingungen und Preise klicken Sie auf: www.example.com/sorglos-schutzpaket

e

Das Rad der Zukunft

Der Fahrradmarkt ist in Bewegung, E-Bikes werden kleiner, Akkulaufzeiten werden sich verlängern und das Rad wird smart, wobei das Smartphone immer mehr zum Bordcomputer wird. Das Fahrrad wird digital vernetzt, Navigation, Gesundheitsdaten, Diebstahlschutz und vieles mehr. Auf unserer Messe zeigen wir Ihnen, welche Hersteller bereits welche Innovationen entwickelt haben. Und weitere Entwicklungen stehen vor der Tür: ein Rad ganz ohne Kette, die Räder ohne Speichen mit LED-Licht beleuchtet.

Fahrradmesse, Sonntag, 9. Juli, Ostpark ab 12 Uhr

f

Mit Geld umgehen

Haben Sie finanzielle Schwierigkeiten, aber scheuen Sie sich, darüber zu sprechen? Immerhin wird doch erwartet, dass wir alle gut mit Geld umgehen können. Die Wirklichkeit zeigt, dass das nicht so ist. Ungefähr ein Drittel der Haushalte in Deutschland hat am Ende des Monats keinen Cent mehr übrig.
In unseren Kursangeboten lernen Sie, wie Sie Ihre finanziellen Möglichkeiten erweitern können, unabhängig von ihrem aktuellen Einkommen. Vielleicht haben Sie zu viele Ausgaben, die nicht nötig sind, Abos, Versicherungen, die Sie nicht brauchen, vielleicht gibt es für Sie und Ihre konkrete Situation finanzielle Vergünstigungen, die Ihnen nicht bewusst sind.

www.example.com/mit-geld-umgehen

g

Selbst ist der Mann und die Frau

In kleinen Gruppen von höchstens vier Personen lernen Sie, alltägliche Probleme an Ihrem Rad selbst zu beheben: Reifenwechsel, Schlauch flicken, Kette wechseln, Sattel und Lenker richtig einstellen, aber auch Herausforderungen für Fortgeschrittene wie die Erneuerung von Schaltzügen, der Austausch von Bremsbelägen oder die richtige Einstellung der Bremsen werden thematisiert. Werkzeug ist vorhanden. Außerdem erhalten Sie praktische Tipps, wie Sie Ihr Rad warten sollen. Worauf ist bei der Reinigung des Fahrrads und seiner Einzelteile zu achten? Hier kann man vieles falsch machen.

Anmeldung unter:
rep-werkstatt@beispiel.de

h

Zurück in die Geschichte

Das Fahrrad ist inzwischen 200 Jahre alt. Doch wie lange gibt es eigentlich schon das E-Bike? Tatsächlich wurde bereits Ende des 19. Jahrhunderts ein elektrisch angetriebenes Fahrrad patentiert und in den 1930er-Jahren unternahm Philips den Versuch, ein Elektrofahrrad serienmäßig herzustellen. Der Erfolg blieb aus, dem Auto gehörte die Zukunft. Erst, nachdem sich die Akkutechnologie verbesserte und das Handyzeitalter begann, entwickelte sich das E-Bike, wie wir es heute kennen. Der Verein Freunde des Fahrrads e. V. hält eine interessante Broschüre zum Download bereit.

Besuchen Sie unsere Webseite unter:
www.freundedesfahrrads.beispiel.de

i

Mehr aus Ihrem Geld machen

In unserer Veranstaltungsreihe zu den unterschiedlichen Geldanlagen und den hiermit verbundenen Risiken befassen wir uns am kommenden Samstag mit den risikofreien Anlageformen. Diese bringen allerdings kaum oder nur sehr wenig Zinsen, sind aber sinnvoller, als das Geld auf dem Girokonto zu lassen. Beim Festgeld legen Sie Ihr Geld für eine bestimmte Zeit an, d.h. Sie können in dieser Zeit nicht über Ihr Geld verfügen. Dafür garantiert die Bank Ihnen einen festen Zins. Den Anlagezeitraum (Mindestzeitraum zwölf Monate) können Sie bestimmen.

Info-Tag der Schule für Finanzen:
Samstag 26. August,
Bürgerhaus Süd, 14 Uhr

j

Investieren in Natur und Natur

Immer mehr Verbraucherinnen und Verbraucher wünschen sich, dass mit ihrem angelegten Geld sinnvolle Projekte im Bereich des Umweltschutzes, der erneuerbaren Energien, der Biodiversität unterstützt werden. Das ist auch unser Ziel. Die Ecolo-Bank investiert ausschließlich in Unternehmen und Projekte, die auf diesem Gebiet aktiv sind. Auf unserer Seite „Projekte“ stellen sich diese Betriebe vor. Wenn Sie ein Girokonto bei uns eröffnen oder Ihr Geld längerfristig anlegen möchten, können Sie selbst bestimmen, in welchem Bereich mit Ihrem Geld gearbeitet werden soll.

Vereinbaren Sie ein Beratungsgespräch unter 0211 87547827.

k

E-Bikes
sind im Straßenbild heute nicht mehr wegzudenken. Gut für die Umwelt, aber leider gibt es immer mehr Unfälle mit diesem neuen Verkehrsmittel, da viele Nutzer*innen, vor allen Dingen ältere Menschen, die Kraft, die in diesem Fahrzeug steckt, noch unterschätzen. Das einfache Treten, unterstützt durch einen Elektromotor, führt leicht dazu, dass man beim Fahren unaufmerksam wird. Anfahren, Schalten und Bremsen, Steigungen bewältigen, Kurven fahren – an all das muss man sich erst gewöhnen. Der Fahrradclub Mitte bietet hier allen interessierten Senior*innen einen kostenlosen Trainingsnachmittag an. Auch die Theorie wird behandelt, welche Verkehrsregeln gelten, Straße oder Radweg, und vieles mehr.

Treffpunkt Messegelände, Platz 3,
Samstag 5.8. 14 Uhr.

l

Lassen Sie sich begeistern

Am kommenden Wochenende präsentieren Hersteller und Händler aus dem In- und Ausland ihre aktuellen Produkte. Sie können eine Probefahrt machen, sich beraten lassen, welches Fahrrad am besten für Ihre Bedürfnisse geeignet ist. Und eine besondere Attraktion: Auf der Ausstellung werden Ausstellungsstücke von Elektrorädern und normalen Fahrrädern stark reduziert angeboten. Diese sind fabrikneu, technisch fehlerfrei, haben aber einige Gebrauchsspuren, z. B. kleine Schäden am Lack. Natürlich bekommen Sie hierfür die übliche Garantie. Nur solange der Vorrat reicht. Sonntag 10 Uhr, Drachenwiese.

Sprachbausteine Teil 1

Vorgeschlagene Arbeitszeit für Sprachbausteine Teil 1 und Teil 2: 30 Minuten

Lesen Sie den folgenden Text und entscheiden Sie, welches Wort (a, b oder c) in die jeweilige Lücke passt. Markieren Sie Ihre Lösungen auf dem Antwortbogen bei den Aufgaben 21–30.

Liebe Bea,

super, dass du jetzt endlich eine richtige Arbeit gefunden hast, herzlichen Glückwunsch! Du hast geschrieben, dass die Kolleginnen in der Werbeagentur, __21__ du arbeitest, supernett und sympathisch sind und du in deiner Arbeit vollkommen selbstständig arbeiten kannst. Erzähl mir __22__ bitte noch mehr davon, was genau deine Aufgaben sind. Weniger schön ist natürlich, dass du wahrscheinlich in diesem Sommer keinen Urlaub bekommen wirst. Wir haben jetzt Mai und du __23__ gerade mit deiner neuen Arbeit angefangen.

Eigentlich hatten wir ja vor, dieses Jahr zusammen im Sommer gemeinsam etwas zu unternehmen. Das wird dann vermutlich nichts. Schade, aber andererseits hatten wir das ja auch noch nicht so fest ausgemacht. Ich muss mir dann eben etwas anderes __24__. Und da habe ich an Folgendes gedacht. Als du letztes Jahr in einem kleinen Hotel an der Südküste Kretas warst, warst du __25__ doch so begeistert. Und du hast mir gesagt, dass man dort sehr gut alleine hinfahren kann, man schnell angenehme Leute kennenlernt und es auch im Sommer __26__ Hochsaison immer noch sehr ruhig ist. Könntest du mir mal mailen, wie das Hotel und der Ort genau heißen? Das fällt mir nicht mehr __27__. Dann würde ich dort mal nachfragen, __28__ sie noch Zimmer haben. Und schick doch bitte auch die Adresse des Restaurants, __29__ du so toll gefunden hast.

Liebe Bea, Anfang Juni werde ich in Hamburg sein. Wir könnten, wenn du kannst, etwas Zeit miteinander __30__. Ich hoffe, das klappt und wir sehen und bald wieder!

Liebe Grüße
Lisa

21 **a** in der **b** in die **c** worin

22 **a** doch **b** schon **c** sogar

23 **a** bist **b** hast **c** warst

24 **a** nachdenken **b** überlegen **c** planen

25 **a** damit **b** darüber **c** davon

26 **a** trotz **b** wegen **c** weil

27 **a** auf **b** ein **c** zu

28 **a** dass **b** ob **c** wenn

29 **a** das **b** dem **c** der

30 **a** nehmen **b** treiben **c** verbringen

Sprachbausteine Teil 2

Vorgeschlagene Arbeitszeit für Sprachbausteine Teil 1 und Teil 2: 30 Minuten

Lesen Sie den folgenden Text und entscheiden Sie, welches Wort aus dem Kasten (a–o) in die Lücken 31–40 passt. Sie können jedes Wort im Kasten nur einmal verwenden. Nicht alle Wörter passen in den Text.

Markieren Sie Ihre Lösungen auf dem Antwortbogen bei den Aufgaben 31–40.

Eine kurze Geschichte des Fahrrads

Noch nie war Radfahren in Deutschland so beliebt. So werden jährlich über vier Millionen neue Fahrräder verkauft, __31__ die Zahl der verkauften Elektrofahrräder kontinuierlich ansteigt. Doch seit wann wird eigentlich mit dem Rad gefahren? Lassen wir doch mal die Geschichte des Fahrrads Revue passieren.

Wir befinden uns zu Anfang des 19. Jahrhunderts. Wer es sich damals __32__ konnte, war mit dem Pferd unterwegs. Doch Pferde mussten gefüttert werden und aufgrund sehr schlechter Ernten war Futter für die Pferde teuer und knapp. 1817 entwickelte der Karlsruher Karl Drais eine Laufmaschine mit zwei Rädern, sie hatte aber noch keine Pedale. Jetzt war man in der __33__, ganz ohne Pferdekraft 15 Kilometer in einer Stunde zurückzulegen. 40 Jahre später wurde der Pedalantrieb erfunden, gefolgt von den Hochrädern – das waren Fahrräder mit einem riesigen Vorderrad und einem kleinen Hinterrad. __34__ wurde es möglich, mit einer Trittbewegung eine viel größere Entfernung zu fahren. Aber das Fahren mit diesen Rädern war nicht leicht. Durch die spätere Entwicklung des Kettenantriebs bekamen schließlich Vorder- und Hinterrad die gleiche Größe und schnelles Fahren wurde einfach.

__35__ der immer wichtiger werdenden Mobilität im 20. Jahrhundert wurde das Fahrrad zum geeigneten Mittel, die Arbeiter zu den Fabriken zu bringen. Die Fließbandfertigung führte __36__, dass die Stückzahl der hergestellten Fahrräder beträchtlich __37__, wodurch auch die Preise sanken. Der Fahrradboom ging in 1950er-Jahren zurück, als sich Deutschland immer mehr zum Autoland __38__. Nach den Ölkrisen in den 1970er-Jahren und einem zunehmenden Bewusstsein für die Ökologie erlebte das Fahrrad dann seinen zweiten Boom. War es __39__ noch eine Minderheit, die vom Auto auf das Fahrrad umstieg, sollte es noch bis zur Jahrtausendwende dauern, bis das Rad seinen Weg zum Massenverkehrsmittel einschlug. __40__ entwickelt sich das Fahrrad zum Smart-Rad, einem Fahrrad, das mit einem Navigationssystem und Apps mit zahlreichen Funktionen vernetzt ist.

a ABNAHM
b AKTUELL
c ANFANGS
d AUFGRUND
e AUSGEBEN
f DADURCH
g DAZU
h ENTWICKELTE
i LAGE
j LEISTEN
k MÖGLICHKEIT
l STATTDESSEN
m WOBEI
n WOMIT
o ZUNAHM

Hörverstehen Teil 1

Zeit für den gesamten Teil Hörverstehen: ca. 20 Minuten

Wählen Sie Track 10, um Hörverstehen Teil 1–3 zu hören, oder Track 11, wenn Sie nur Hörverstehen Teil 1 hören möchten.

10 Sie hören nun eine Nachrichtensendung. Dazu sollen Sie fünf Aufgaben lösen.
Sie hören die Nachrichtensendung nur einmal.

11 Entscheiden Sie beim Hören, ob die Aussagen 41–45 richtig oder falsch sind.
Markieren Sie Ihre Lösungen auf dem Antwortbogen bei den Aufgaben 41–45.
Markieren Sie PLUS (+) gleich richtig und MINUS (–) gleich falsch auf dem Antwortbogen.

Lesen Sie jetzt die Aufgaben 41–45. Sie haben dazu 30 Sekunden Zeit.

41 In der Schweiz gab es mehrere Opfer durch ein Lawinenunglück.

42 Immer mehr Abiturientinnen und Abiturienten finden eine Ausbildung attraktiver als ein Studium.

43 Im letzten Jahr gab es in Frankfurt am Main weniger Unfälle im Straßenverkehr.

44 Nach einem Zwischenfall mit Tieren läuft der Zugverkehr nach Wien wieder ohne Störung.

45 Das Bayerische Amt für Denkmalpflege ist auf der Suche nach historischen Gräbern.

Hörverstehen Teil 2

Zeit für den gesamten Teil Hörverstehen: ca. 20 Minuten

12 Sie hören ein Rundfunk-Interview. Dazu sollen Sie zehn Aufgaben lösen.
Sie hören dieses Interview nur einmal.

Entscheiden Sie beim Hören, ob die Aussagen 46–55 richtig oder falsch sind.
Markieren Sie Ihre Lösungen auf dem Antwortbogen bei den Aufgaben 46–55. Markieren Sie PLUS (+) gleich richtig und MINUS (–) gleich falsch auf dem Antwortbogen.

Lesen Sie jetzt die Aufgaben 46–55. Sie haben dazu 60 Sekunden Zeit.

46 Die Sendung ‚Aus Haus und Garten' ist heute zum ersten Mal zu hören.

47 Frau Kleemann hat die Interviewerin zum Essen eingeladen.

48 Frau Kleemann findet ihren Beruf sehr anstrengend.

49 Sie beschäftigt sich schon seit Langem mit ökologischer Landwirtschaft.

50 Frau Kleemann darf selbst entscheiden, was sie im Garten anbaut.

51 Die Eigentümerin hat ihren Garten aus Altersgründen aufgegeben.

52 Ihr Freund ist Gärtner von Beruf.

53 Infoabende haben Frau Kleemann bei der Entscheidung für einen Kleingarten geholfen.

54 Frau Kleemann ist nicht prinzipiell gegen Kleingartenvereine.

55 Frau Kleemann wird in Zukunft auch vom Garten aus ihren Beruf ausüben.

Hörverstehen Teil 3

Zeit für den gesamten Teil Hörverstehen: ca. 20 Minuten

13 Sie hören jetzt fünf kurze Texte. Dazu sollen Sie fünf Aufgaben lösen.
Sie hören diese Ansagen nur einmal.

Entscheiden Sie beim Hören, ob die Aussagen 56–60 richtig oder falsch sind.
Markieren Sie Ihre Lösungen auf dem Antwortbogen bei den Aufgaben 56–60. Markieren Sie PLUS (+) gleich richtig und MINUS (–) gleich falsch auf dem Antwortbogen.

56 An der VHS ist eine Anmeldung für Sprachkurse online nicht möglich.

57 Rund um das Kulturfestival wird es keine freien Parkplätze geben.

58 Verschiedene Personen werden seit Donnerstag vermisst.

59 Am Sonntag ist in Bayern mit steigenden Temperaturen bei Regen zu rechnen.

60 Das Gespräch mit Frau Maas kann erst in einer Woche stattfinden.

Schriftlicher Ausdruck

Zeit für den Teil Schriftlicher Ausdruck: 30 Minuten

Wählen Sie zuerst zwischen Aufgabe A und Aufgabe B.

Entscheiden Sie schnell, denn die zur Verfügung stehende Zeit ist begrenzt auf 30 Minuten.

Aufgabe A: Bitte um Informationen	oder	**Aufgabe B:** Beschwerde

Übertragen Sie diese Nummer auf den Antwortbogen S. 156.

0	0	0	6	5	2

Testversion

Wenn Sie diese Nummer nicht übertragen, wird Ihre Prüfung nicht bewertet.

Schriftlicher Ausdruck Aufgabe A

Zeit für den Teil Schriftlicher Ausdruck: 30 Minuten

In der Zeitung lesen Sie die folgende Anzeige:

Auf der Suche nach einem leistungsstarken Saugroboter?

Heute im Angebot:

- Kliny XXL digitaler Smart-Staubsauger
- bewegt sich mithilfe der eingebauten Sensoren sicher durch Ihre Wohnung
- entfernt Haare, Staub und Schmutz
- saugt und reinigt Ihre Böden, ohne dass Sie dabeisein müssen
- erkennt und umfährt Hindernisse
- bewegt sich nach Ende des Saugvorgangs selbstständig zur Ladestation
- schnelle Ladezeiten
- steuerbar über das Smartphone
- ab heute für 111 Euro

Sie interessieren sich für das Angebot und bitten in einem Schreiben um weitere Informationen.

Behandeln Sie darin entweder
a) drei der folgenden Punkte
oder
b) zwei der folgenden Punkte und einen weiteren Aspekt Ihrer Wahl.

- Fragen Sie nach weiteren technischen Einzelheiten (z. B. Ladezeiten, zusätzliche Kosten für Reinigungsmittel).
- Beschreiben Sie, was ein Staubsauger in Ihrem Haushalt unbedingt leisten muss.
- Stellen Sie Fragen zur Datensicherheit.
- Fragen Sie nach weiteren Details zum Kauf (z. B. Service, Rückgaberecht).

Überlegen Sie sich vor dem Schreiben eine passende Reihenfolge der Punkte, einen passenden Betreff, eine passende Anrede, eine Einleitung und einen passenden Schluss. Schreiben Sie mindestens 150 Wörter.

Übertragen Sie diese Nummer auf den Antwortbogen S. 156.

0	0	0	6	5	2

Testversion

Wenn Sie diese Nummer nicht übertragen, wird Ihre Prüfung nicht bewertet.

Schriftlicher Ausdruck Aufgabe B

Zeit für den Teil Schriftlicher Ausdruck: 30 Minuten

Lesen Sie die folgende Werbeanzeige:

Familienfreundliches Ferienhaus am Meer

Wir vermieten idyllisch gelegene Ferienhäuser mit großem Garten, 200 Meter vom Strand entfernt. Die frei stehenden Bungalows bilden einen Teil einer ruhigen Anlage mit mehreren Häusern.

Alle Ferienhäuser sind ausgestattet mit:

- einem großen Wohnzimmer mit Flachbild-TV
- einer voll eingerichteten Küche
- Badezimmer und Toilette
- einer Waschmaschine
- zwei getrennten Schlafzimmern im OG
- einer großen Terrasse
- einem Garten hinter dem Haus mit einem Sandkasten für Kinder
- einem Spielplatz in der Anlage
- schnellem Internet

Fahrräder stehen kostenlos zur Verfügung. Auf Wunsch können wir auch E-Bikes besorgen.
Wir haben auch Spiele für die Kinder und zahlreiche Kinderbücher.
Unser Hausservice ist jederzeit erreichbar, tägliche Reinigung ist garantiert.

Preis: vier Gäste ab 55 Euro/Nacht. Haben Sie Fragen? Dann info-ferienhäuser@beispiel.de

Sie haben mit Ihrer Familie (zwei Eltern, zwei Kinder) ein Ferienhaus gemietet, waren aber nicht zufrieden. Vieles, was in der Anzeige stand, war nicht in Ordnung. Die Nachbarn waren laut, der Service war schlecht. Schreiben Sie eine Beschwerde an die Ferienhaus-Vermittlung.

Behandeln Sie darin entweder
a) drei der folgenden Punkte
oder
b) zwei der folgenden Punkte und einen weiteren Aspekt Ihrer Wahl.

- Beschreiben Sie, warum Sie das Angebot interessant fanden.
- Legen Sie dar, womit Sie unzufrieden waren.
- Beschreiben Sie das Problem mit dem Hausservice.
- Schlagen Sie eine Lösung vor.

Überlegen Sie sich vor dem Schreiben eine passende Reihenfolge der Punkte, einen passenden Betreff, eine passende Anrede, eine Einleitung und einen passenden Schluss. Schreiben Sie mindestens 150 Wörter.

Mündlicher Ausdruck – Teilnehmer/-in A/B/(C)

Teil 0: Einander kennenlernen

Zeit für den gesamten Teil Mündlicher Ausdruck: ca. 15 Minuten

Stellen Sie sich Ihrer Partnerin / Ihrem Partner vor. Sie können z. B. darüber sprechen, warum Sie Deutsch lernen, welche Interessen oder Hobbys Sie haben usw. oder darüber, wie Sie sich auf die Prüfung vorbereitet haben.

Dieser Teil der Prüfung wird nicht bewertet.

Mündlicher Ausdruck – Teilnehmer/-in A/B/(C)

Teil 1: Über Erfahrungen sprechen

Zeit für den gesamten Teil Mündlicher Ausdruck: ca. 15 Minuten

Sie sollen Ihrer Partnerin bzw. Ihrem Partner über Ihre Erfahrungen zu einem der folgenden Themen berichten.

Die Stichpunkte in den Klammern können als Anregung dienen. Sie haben dazu ca. 1 ½ Minuten Zeit. Im Anschluss sollen Sie die Fragen Ihrer Partnerin bzw. Ihres Partners beantworten.

Danach spricht Ihre Partnerin bzw. Ihr Partner ebenfalls über ihr bzw. sein Thema. Folgen Sie aufmerksam dem Redebeitrag und überlegen Sie sich Fragen, die Sie ihr/ihm stellen könnten. Unterbrechen Sie sie/ihn nicht. Stellen Sie einige Fragen zum Thema, wenn sie/er ihren/seinen Redebeitrag beendet hat.

Themen zur Auswahl:

- Ein Buch, das Sie gelesen haben (Thema, Autor, Ihre Meinung usw.)
- Einen Film, den Sie gesehen haben (Thema und Handlung, Schauspieler, Ihre Meinung usw.)
- Eine Reise, die Sie unternommen haben (Ziel, Zeit, Land und Leute, Sehenswürdigkeiten usw.)
- Eine Musikveranstaltung, die Sie besucht haben (Musikrichtung, Musiker, Ort, persönliche Vorlieben usw.)
- Ein Sportereignis, das Sie besucht haben (Sportart, Ort, Personen, Ergebnis usw.)
- Eine Person, die in Ihrem Leben wichtig war (wer, wann, warum wichtig usw.)
- Eine wichtige Erfahrung, die Sie in Ihrem Leben gemacht haben (was, wann, wo, mit wem, warum wichtig usw.)

Mündlicher Ausdruck – Teilnehmer/-in A/B/(C)

Teil 2: Diskussion

Zeit für den gesamten Teil Mündlicher Ausdruck: ca. 15 Minuten

Lesen Sie den folgenden Text. Diskutieren Sie mit Ihrer Partnerin bzw. Ihrem Partner über den Inhalt des Textes, bringen Sie Ihre Erfahrungen ein und äußern Sie Ihre Meinung. Begründen Sie Ihre Argumente. Sprechen Sie über mögliche Lösungen.

Internet und soziale Medien – kein rechtsfreier Raum

In Deutschland wie auch in vielen anderen Ländern nehmen Gewalt und menschenverachtende Inhalte im Internet zu. Hier spielen die sozialen Medien eine große Rolle. Nach einer aktuellen Studie nutzen 90 % der Internetnutzerinnen und -nutzer ab 16 Jahren soziale Netzwerke. Die Vorteile der Onlineplattformen liegen auf der Hand. Sie ermöglichen eine Kommunikation mit anderen Menschen auf der ganzen Welt, den Austausch von Informationen, ein leichteres Spaßhaben und Arbeiten miteinander. Demgegenüber gibt es die Gefahr, dass man gefälschte Nachrichten oder Bilder nicht erkennt und dass durch Cybermobbing die Privatsphäre angegriffen wird. Die Hälfte der Nutzerinnen und Nutzer von sozialen Netzwerken gibt an, im Internet bereits Hass, Drohungen und Beleidigungen begegnet zu sein, über 10 % sagen sogar, dass sie hier selbst zum Opfer wurden.

Um Verbraucherinnen und Verbraucher und vor allem Jugendliche hiergegen zu schützen, gibt es in der EU inzwischen Gesetze zur strengeren Bekämpfung von Hass und Falschinformationen, Internetunternehmen haben die Pflicht, gegen illegale Inhalte auf ihren Plattformen vorzugehen.

Vielen geht das nicht weit genug. Sie fordern, dass der Staat von sich aus Inhalte im Internet und in den sozialen Netzwerken kontrolliert. Zwar würden die Anbieter sozialer Netzwerke ein Mindestalter für die Nutzung ihrer Dienste vorschreiben, das werde aber nicht ausreichend kontrolliert. Hier sollte der Staat aktiv werden. Auch ein Verbot bestimmter Plattformen solle ermöglicht werden.

Gegner einer staatlichen Kontrolle sehen hier aber die Gefahr einer Zensur, die im Widerspruch zum Grundrecht der freien Meinungsäußerung stehe. Sinnvoller sei vielmehr eine umfassende Aufklärung bereits an den Schulen, wie mit Inhalten im Internet umzugehen ist.

Mündlicher Ausdruck – Teilnehmer/-in A/B/(C)

Teil 3: Gemeinsam etwas planen

Zeit für den gesamten Teil Mündlicher Ausdruck: ca. 15 Minuten

Ihr Kurs möchte vor den Ferien im Hof der Schule ein Sommerfest veranstalten und hat Sie gebeten, dieses Fest zu planen.

Überlegen Sie sich mit Ihrer Partnerin / Ihrem Partner ein interessantes Programm für dieses Fest.
Denken Sie zum Beispiel an Essen und Getränke, an Musik, Spiele und Tänze und daran, wer noch kommen soll (Familien mit Kindern usw.). Machen Sie Vorschläge und entwickeln Sie ein Programm.

Anhang

Antwortbogen

In der Prüfung ist der Antwortbogen ein dünnes Heft mit perforierten Blättern. Auf diese übertragen Sie Ihre Lösungen. Markieren Sie sie deutlich mit Bleistift (→ Seite 11).

In der Prüfung müssen Sie auf Seite 1 des Antwortbogens die Nummer der Testversion eintragen. Diese befindet sich auf dem Aufgabenheft unten links und an der Tafel.

Leseverstehen 1

1	a	b	c	d	e	f	g	h	i	j
2	a	b	c	d	e	f	g	h	i	j
3	a	b	c	d	e	f	g	h	i	j
4	a	b	c	d	e	f	g	h	i	j
5	a	b	c	d	e	f	g	h	i	j

Leseverstehen 2

6	a	b	c
7	a	b	c
8	a	b	c
9	a	b	c
10	a	b	c

Leseverstehen 3

11	a	b	c	d	e	f	g	h	i	j	k	l	x
12	a	b	c	d	e	f	g	h	i	j	k	l	x
13	a	b	c	d	e	f	g	h	i	j	k	l	x
14	a	b	c	d	e	f	g	h	i	j	k	l	x
15	a	b	c	d	e	f	g	h	i	j	k	l	x
16	a	b	c	d	e	f	g	h	i	j	k	l	x
17	a	b	c	d	e	f	g	h	i	j	k	l	x
18	a	b	c	d	e	f	g	h	i	j	k	l	x
19	a	b	c	d	e	f	g	h	i	j	k	l	x
20	a	b	c	d	e	f	g	h	i	j	k	l	x

Sprachbausteine 1

21	a	b	c
22	a	b	c
23	a	b	c
24	a	b	c
25	a	b	c
26	a	b	c
27	a	b	c
28	a	b	c
29	a	b	c
30	a	b	c

Sprachbausteine 2

31	a	b	c	d	e	f	g	h	i	j	k	l	m	n	o
32	a	b	c	d	e	f	g	h	i	j	k	l	m	n	o
33	a	b	c	d	e	f	g	h	i	j	k	l	m	n	o
34	a	b	c	d	e	f	g	h	i	j	k	l	m	n	o
35	a	b	c	d	e	f	g	h	i	j	k	l	m	n	o
36	a	b	c	d	e	f	g	h	i	j	k	l	m	n	o
37	a	b	c	d	e	f	g	h	i	j	k	l	m	n	o
38	a	b	c	d	e	f	g	h	i	j	k	l	m	n	o
39	a	b	c	d	e	f	g	h	i	j	k	l	m	n	o
40	a	b	c	d	e	f	g	h	i	j	k	l	m	n	o

Hörverstehen 1

41	+	–
42	+	–
43	+	–
44	+	–
45	+	–

Hörverstehen 2

46	+	–
47	+	–
48	+	–
49	+	–
50	+	–
51	+	–
52	+	–
53	+	–
54	+	–
55	+	–

Hörverstehen 3

56	+	–
57	+	–
58	+	–
59	+	–
60	+	–

Schriftlicher Ausdruck

Familienname

Vorname

Testversion (Nummer)

! Vergessen Sie nicht, hier die Nummer der Testversion einzutragen!

Lösungen zu Modelltest 2 und 3 und Übungen

zu Modelltest 2

Leseverstehen Teil 1:

1 f, 2 c, 3 i, 4 d, 5 g

Leseverstehen Teil 2:

6 a, 7 b, 8 c, 9 b, 10 a

Leseverstehen Teil 3:

11 x, 12 k, 13 c, 14 b, 15 d, 16 e, 17 a, 18 x, 19 g, 20 i

Sprachbausteine Teil 1:

21 a, 22 c, 23 b, 24 c, 25 a, 26 b, 27 a, 28 b, 29 b, 30 a

Sprachbausteine Teil 2:

31 k, 32 o, 33 f, 34 n, 35 a, 36 c, 37 h, 38 e, 39 l, 40 b

Hörverstehen Teil 1:

41 –, 42 +, 43 –, 44 –, 45 +

Hörverstehen Teil 2:

46 –, 47 –, 48 +, 49 +, 50 –, 51 +, 52 –, 53 +, 54 –, 55 –

Hörverstehen Teil 3:

56 –, 57 +, 58 –, 59 –, 60 +

zu Modelltest 3

Leseverstehen Teil 1:

1 e, 2 h, 3 i, 4 f, 5 b

Leseverstehen Teil 2:

6 c, 7 c, 8 a, 9 b, 10 c

Leseverstehen Teil 3:

11 l, 12 x, 13 a, 14 x, 15 c, 16 j, 17 g, 18 e, 19 i, 20 k

Sprachbausteine Teil 1:

21 a, 22 a, 23 b, 24 b, 25 c, 26 a, 27 b, 28 b, 29 a, 30 c

Sprachbausteine Teil 2:

31 m, 32 j, 33 i, 34 f, 35 d, 36 g, 37 o, 38 h, 39 c, 40 b

Hörverstehen Teil 1:

41 –, 42 +, 43 –, 44 +, 45 –

Hörverstehen Teil 2:

46 –, 47 –, 48 +, 49 –, 50 +, 51 +, 52 –, 53 –, 54 +, 55 –

Hörverstehen Teil 3:

56 +, 57 –, 58 –, 59 +, 60 –

zu Übungen Sprachbausteine (S. 51)

1 Obwohl – trotz - Trotzdem
2 Nachdem – Danach – Nach
3 Bevor – vorher – vor
4 1 a, 2 b, 3 a, 4 b, 5 a
5 1 a, 2 b, 3 a, 4 b, 5 a, 6 a, 7 c
6 1 b, 2 c, 3 b, 4 a
7 daran – über – darauf – um – an – über – darüber – danach – auf
8 **a:** ja – schon – halt
b: wohl – denn – halt
c: schon – ruhig – ja
d: doch – Eigentlich – nur – denn – halt

zu Übungen Schriftlicher Ausdruck (S. 86)

1 1 Interesse, 2 Angebot, 3 Informationen, 4 Eigenschaften, 5 Garantie, 6 Frage, 7 Rechnung, 8 Rücksendung, 9 Umbuchung, 10 Frist
2 1 die Beschwerde, 2 die Reklamation, 3 die Lieferung, 4 die Zustellung, 5 die Enttäuschung, 6 die Forderung, 7 die Klage
3 1 garantieren, 2 erwarten, 3 streiten, 4 einigen, 5 lösen, 6 korrigieren, 7 rückerstatten
4 a 1 d, 2 i, 3 b, 4 g, 5 a, 6 e, 7 j, 8 h, 9 c, 10 f, 11 k
4 b 1 bringen, 2 entspricht, 3 rückzuerstatten, 4 zurücktreten, 5 stornieren, 6 behoben, 7 finden – setzen, 8 ergreifen, 9 einreichen, 10 sehe – entgegen, 11 setzen

zu Übungen Mündlicher Ausdruck (S. 108)

1 1 berichten, 2 gesammelt, 3 eingehen, 4 gespielt, 5 darstellen, 6 geht, 7 nehmen, 8 verstanden, 9 überzeugt, 10 zustimmen, 11 widersprechen, 12 entspricht

2 1 der Meinung/Auffassung sein, 2 die Meinung/Auffassung vertreten, 3 eine/keine Rolle spielen, 4 Stellung nehmen, 5 Kritik üben/haben, 6 sich die Frage stellen, 7 auf dem Standpunkt stehen, 8 von Bedeutung sein, 9 Erfahrungen machen/haben/sammeln, 10 Zweifel haben, 11 einen Vorschlag machen/haben, 12 zu Wort kommen

3 1 Sind – gemacht, 2 Bist – habe – ist, 3 stehen – vertrittst/hast – stellt, 4 nimmt – spiele – machen/sammeln, 5 habe – kommen – geübt

4 1 b, 2 b, 3 c, 4 c, 5 a, 6 a, 7 c, 8 b

Inhalt der Audio-Dateien

Impressum Audio-Dateien

Studio: Clarity Studio Berlin
Regie und Aufnahmeleitung: Susanne Kreutzer
Tontechnik: Dimitris Kritikos
Sprecherinnen und Sprecher: Jennifer Bins, Angelina Geisler, Benjamin Plath, Paul Sonderegger

Bildquellen

S. 6: Shutterstock.com/GoodStudio; **S. 88:** Shutterstock.com/Masha Khudyk;
S. 92: Shutterstock.com/GoodStudio; **S. 106:** Shutterstock.com/Dzianis Vasilyeu